John Tyerman Williams

BEI PU AUF DER COUCH

Bärenschlaue Psychologie

Aus dem Englischen von
Ulrike Wasel und Klaus Timmermann

Hoffmann und Campe

Die Originalausgabe erschien 2000 unter dem Titel
»Pooh and the Psychologists«
bei Methuen/Egmont Children's Books Limited, London.

Copyright © Text von A. A. Milne und Copyright © Illustrationen von
E. H. Shepard aus den Büchern *Pu der Bär* und *Pu baut ein Haus*,
geschützt nach der Berner Konvention. Der Verlag dankt den
»Trustees of the Pooh Properties« für die freundliche Genehmigung
zum Abdruck der Illustrationen von E. H. Shepard und der Zitate von
A. A. Milne sowie der Atrium AG, Zürich, für die Nutzung der
deutschen Übersetzung von Harry Rowohlt und Sanssouci
im Carl Hanser Verlag für die Übersetzung der Gedichte aus
»Ich und Du, der Bär heißt Pu« von Christa Schuenke. (S. 27, 30 31, 38)

1. Auflage 2004
Copyright © 2000 by John Tyerman Williams
Für die deutschsprachige Ausgabe
Copyright © 2004 by Hoffmann und Campe Verlag, Hamburg
www.hoffmann-und-campe.de
Schutzumschlaggestaltung: Büro Hamburg / Friederike Franz
Illustration: Ernest H. Shepard
Satz: UMP Utesch Media Processing GmbH
Druck und Bindung: Clausen & Bosse, Leck
Printed in Germany
ISBN 3-455-09420-1

Individuelles Copyright für Textzitate und Illustrationen:
Winnie-the-Pooh Copyright © 1926 by E. P. Dutton & Co., Inc.,
Copyright © renewal 1954 by A. A. Milne.
The House at Pooh Corner Copyright © 1928 by
E. P. Dutton & Co., Inc.,
Copyright © renewal 1956 by A. A. Milne

Ein Unternehmen der
GANSKE VERLAGSGRUPPE

*Für Elizabeth Mapstone,
eine Psychologin,
vor der sich Pu stolz verneigen würde*

DANKSAGUNG

Mein erster und größter Dank gilt Dr. Elizabeth Mapstone, die mich nicht nur wie immer mit Ermunterung und konstruktiver Kritik unterstützte, sondern mir auch mit ihrer Fachkenntnis als Psychologin zur Seite stand. Sie vermittelte mir wertvolle Erkenntnisse und bewahrte mich vor vielen Fehlern. Sollten noch Fehler vorhanden sein, so bin ich allein dafür verantwortlich. Das Gleiche gilt natürlich für die Interpretationen.

Ich möchte außerdem meiner Lektoratschefin Susan Hitches für die angenehme und hilfreiche Zusammenarbeit danken, meiner Lektorin, Vanessa Mitchell, die den Text an etlichen Stellen verständlicher machte, sowie Mark Burgess für seine ansprechende Umschlaggestaltung.

INHALT

Winnie-der-Pu: Der Superpsychologe   11

FALL 1   Pu heilt Christopher Robins Arktophobie   27

FALL 2   Pu unterstützt Ferkels Entwicklungsprozess   42

FALL 3   Pu, ein Eklektiker par excellence, im Umgang mit Tieger   91

FALL 4   Kaninchens Probleme   129

FALL 5   Elternschaft: Känga und Ruh   161

FALL 6   Oiles Kommunikationsprobleme   190

FALL 7   I-Ah: ein Fall von klinischer Depression   218

Pus Patientenbuch: ein Rückblick   264

Winnie-der-Pu: Der Superpsychologe

> »Man muss die zentrale Stellung von
> ›Winnie the Pooh‹ anerkennen.«
>
> *Vom Spiel zur Kreativität*

Das oben genannte Zitat stammt von D. W. Winnicott (1896–1971), dem vielleicht bedeutendsten englischen Kinderpsychologen seiner Zeit und früheren Präsidenten der Britischen Psychoanalytischen Gesellschaft. Es ist beschämend, dass es eines Psychoanalytikers bedurfte, noch dazu eines namhaften, um eine wichtige Wahrheit zutage zu fördern, die erklärten Ursinologen entgangen war: dass nämlich Winnie-der-Pu ein Meister in Sachen Psychologie ist. Doch die dem forschenden Wissenschaftler angemessene (wenngleich nicht immer feststellbare) Demut sollte uns veranlassen, Winnicotts Erkenntnis freudig zu begrüßen, eine Erkenntnis, die mich dazu inspiriert hat, einen bislang vernachlässigten Bereich des enormen Verstandes von Winnie-dem-Pu näher auf den Grund zu gehen.

Winnicott wollte die Bedeutung des Teddybären für die Entwicklung des Kindes betonen. Doch damit ist

Pus »zentrale Stellung« noch längst nicht erschöpft. Pu ist selbst ein großer Psychologe, und noch dazu einer, der aktiv dazu beiträgt, die psychologischen Probleme seiner Freunde zu lösen. Die vorliegende kleine Einführung hat es sich zur angenehmen Aufgabe gemacht, den überzeugenden Nachweis zu erbringen, dass Pu Bär zweifelsohne ein Superpsychologe und genialer Psychotherapeut ist.

Ich habe mich entschieden, eine Reihe von Fallstudien heranzuziehen, die seine therapeutischen Fähigkeiten unstrittig belegen. Dieses Verfahren bietet den Vorteil, einerseits unsere Bekanntschaft mit Pus Freunden aufzufrischen und ein neues Licht auf sie zu werfen, und andererseits eine Fülle von Belegen dafür zu liefern, auf welch umfangreichen Theoriekenntnissen Pus praktische Fähigkeiten basieren.

Wohl alle seriösen Ursinologen haben die bedeutsamen Persönlichkeitsveränderungen bemerkt, die einige von Pus Freunden durchlaufen. Aus dem furchtsamen und über die Maßen abhängigen Ferkel wird der Held, der Eule und sogar Pu selbst rettet. Kaninchen legt ein wenig sein rechthaberisches Getue ab und verliert seine xenophoben Vorurteile gegen Neuankömmlinge wie Känga und Tiger. Der einst einzelgängerische und depressive I-Ah entwickelt

Hilfsbereitschaft und eine geselligere Lebensgestaltung.

Aufmerksame Leserinnen und Leser haben sich bestimmt gefragt, was oder wer für diese bemerkenswerten Veränderungen verantwortlich ist. Die Antwort lautet selbstverständlich: Winnie-der-Pu höchstpersönlich. Er ist der Supertherapeut, der die Heilung bewirkt. Hat man das erst einmal erkannt, wundert es nicht mehr, dass der enorme Verstand von Pu eine Vielzahl psychologischer Theorien und Praktiken in ihrer Gänze verarbeitet hat, darunter auch die Verhaltenspsychologie, die kognitive und die analytische Psychologie, die Entwicklungspsychologie, die

humanistische Psychologie, die Sozialpsychologie und die Psycholinguistik. Er beherrscht im Grunde alles, was für die Probleme seiner Freunde, die er so unaufdringlich und doch so erfolgreich behandelt, relevant ist. Er ist sogar auf dem esoterischen Gebiet der buddhistischen Psychologie bewandert, in der die persönliche Erfahrung und die unvermeidliche Rolle der Emotionen bei der Wahrnehmung besonderes Gewicht haben. Dank seines großen Wissensspektrums in Verbindung mit seiner überragenden Urteilskraft kann er in jedem Einzelfall die beste Methode oder die beste Kombination von Methoden auswählen.

An dieser Stelle mögen manche Leser, die sich in der Geschichte der Psychologie auskennen, Einspruch erheben. Wie sollte, so fragen sie sicherlich, Winnie-der-Pu, dessen Beiträge zu diesem Thema zwischen 1924 *(Als wir noch ganz klein waren)* und 1928 *(Pu baut ein Haus)* erschienen, sich beispielsweise mit der kognitiven Psychologie auskennen, die in den 1950er Jahren entstand, mit Jacques Lacans linguistischem Ansatz der Psychoanalyse aus demselben Jahrzehnt oder mit der erst im letzten Viertel des 20. Jahrhunderts entstandenen Entwicklungspsychologie?

Die Antwort darauf lautet natürlich, dass das Genie des großen Bären sich unter anderem in der Vorwegnahme von Theorien und Praktiken manifestiert, auf die schwerfälligere Psychologen erst sehr viel später kommen.

Seine Offenheit für alle möglichen Theorien und seine Flexibilität in ihrer Anwendung sind ein weiteres Beispiel dafür, dass er seiner Zeit voraus ist. Zu Beginn des 20. Jahrhunderts waren viele Psychologen kleingeistig, sektiererisch. Die Verhaltenspsychologen lehnten die analytischen Schulen entschieden ab, die Analytiker erwiderten diese Gegnerschaft nicht nur, sondern waren ihrerseits unvereinbar zerstritten in Freudianer, Jungianer und Adlerianer. Gegen Ende des Jahrhunderts wuchs dann jedoch die Akzeptanz anderer Schulen. Bereits in den 1960er Jahren lobten die Psychologen Gordon Allport (1897–1967) für seinen »kritischen Eklektizismus«. Roger Brown und Richard J. Herrnstein stellen in ihrem hoch gelobten Lehrbuch *Grundriß der Psychologie* fest, dass die meisten Psychologen nicht Anhänger irgendeiner Schule seien, sondern theoretische Eklektiker, die für unterschiedliche Phänomene unterschiedliche Konzepte heranziehen. Ursinologen erleben mit Freude, dass Pus namhafte Nachfolger endlich zu ihm aufschließen.

Pu Bär hat nicht nur bewiesen, dass er alle bekannten psychologischen Richtungen meisterlich beherrscht, sondern er hat die Psychotherapie darüber hinaus um zwei bemerkenswerte unabhängige Methoden bereichert: zum einen seine Verwendung der freien Wahl unterschiedlicher Aktivitäten durch die Patienten selbst; zum anderen seine persönliche Demonstration bestimmter Probleme und verschiedener Methoden, diese zu behandeln.

Die erste Methode durchzieht seine gesamte therapeutische Arbeit. Sie befähigt ihn in entscheidendem Maße dazu, als Psychotherapeut zu agieren, ohne in dieser Funktion offiziell und unverhohlen aufzutreten. Der bekannte Psychiater R. D. Laing (1927–1989) beklagte, dass die konventionellen Therapiebedingungen zwischen Therapeuten und Patienten künstliche Barrieren errichten würden. Pu hat dieses Problem schon früh erkannt und gelöst.

Sein zweiter Beitrag ist ein noch bemerkenswerteres Beispiel seiner innovativen Technik. Vielleicht finden wir aus diesem Grund bereits an früher Stelle im Pu-Patientenbuch ein Beispiel dafür.

Pu zum Thema Essstörungen

Selbst der oberflächlichste Ursinologe wird sich an die Episode erinnern, als Winnie-der-Pu einmal Kaninchen besucht und dessen Gastfreundschaft so enthusiastisch auskostet, dass er beim Abschied nicht mehr durch Kaninchens Tür passt und zum »eingeklemmten Bären in starker Bedrängnis« wird. Die Folge ist, dass er eine Woche lang ohne Nahrung auskommen muss, bis er so viel abgenommen hat, dass er aus dieser Klemme befreit werden kann.

Umso schmerzlicher ist es, dass dieser Vorfall häufig als der stichhaltigste Beweis für Pus angebliche Gier angeführt wird. Genau das Gegenteil ist der Fall: In Wahrheit opfert Pu nämlich in für ihn typischer Manier seine Würde und sein Wohlbefinden, um Freunden und nachfolgenden Generationen eine besonders wertvolle Lehre zu erteilen. Mit seiner Misere als eingeklemmter Bär warnt er uns alle vor den Gefahren übermäßigen Essens. Ursinologen mögen so weit gehen, darin ein Beispiel für die Aversionstherapie zu sehen, die ein unerwünschtes Verhaltensmuster dadurch zu heilen versucht, dass es mit unangenehmen Folgen in Verbindung gebracht wird. Diese Behandlungsform geht vor allem auf den Verhaltenspsychologen B. F. Skinner zurück (1904–1990).

Obwohl diese Wissenschaftler durchaus zu Recht den Gedanken zurückweisen, dass Pu gierig sei, steht ihr Urteil ansonsten auf tönernen Füßen. Die Aversionstherapie wurde zwar einst mit großen Hoffnungen auf Erfolg praktiziert, doch inzwischen betrachtet man sie im Allgemeinen als Irrweg, zumindest was die langfristigen Ergebnisse betrifft. Menschen, die beispielsweise mit dem Rauchen aufhören wollen, gelingt das zwar, solange sie sich der Aversionstherapie unterziehen, im Anschluss daran werden jedoch viele wieder rückfällig.

Es ist natürlich unvorstellbar, dass Pu sich dessen nicht bewusst ist. Und sein darauf folgendes Verhalten macht dies dann auch ganz deutlich. Statt nach dem Erlebnis bei Kaninchen dem Honig zu entsagen, lässt er ihn sich unbeirrt weiter schmecken. Natürlich ausschließlich in bescheidenen Mengen, wie die häufig erwähnten Begriffe »eine *Klein*igkeit« [Hervorhebung von mir] und »eine kleine Erfrischung« belegen. Was also bezweckt er in Wirklichkeit mit dieser Demonstration? Drei Antworten drängen sich auf:

1. Er will andere vor den womöglich schmerzlichen Folgen übermäßigen Essens warnen.
2. Überzeugender – und seiner Zeit vielleicht schon voraus: Er will darauf hinweisen, dass extreme und harte Interventionen nicht dazu angetan sind, dauerhafte Wirkung zu zeigen.
3. Nachgerade prophetisch warnt er uns hier wie auch an vielen anderen Stellen in den beiden Mil-

neschen Texten vor einem Schlankheitswahn, eine Warnung, die wir heute besser würdigen können, da die Gefahren von Magersucht und Bulimie sattsam bekannt sind. Pu als »starker und hilfsbereiter Bär« erinnert uns ständig daran, dass geistige und körperliche Gesundheit nicht im Widerspruch zu einer angenehmen, niemals jedoch exzessiven Rundlichkeit stehen.

Milnes Hinweise

Nachdem Winnicott uns auf Pus psychologische Kompetenz aufmerksam gemacht hat, müssen wir lediglich auf die entsprechenden Fingerzeige achten. Wie immer hat Milne sie überaus freigebig verteilt, ja in der Tat so freigebig, dass mancher sich fragen mag, warum sie bislang niemand entdeckt hat. Es ist ein Vergnügen, darauf eine Antwort zu geben, die sowohl dem Autor als auch seinen früheren Lesern zur Ehre gereicht. Die vordergründige Bedeutung der Pu-Saga ist schon derart befriedigend, dass man gierig erscheinen könnte, wenn man nach mehr sucht. Dennoch wäre es ein trauriger Verlust für die Menschheit, wenn die tieferen Ebenen des Milne'schen Bedeutungsreichtums nicht an die Oberfläche befördert würden.

Der erste Hinweis auf die psychologische Ebene unserer Texte findet sich in der »Vorstellung« genannten Einleitung von *Pu der Bär*. Dort werden wir mit dem Problem konfrontiert, »ob zwei mal sieben zwölf oder zweiundzwanzig ist«. Jedem sachkundigen Ursinologen ist klar, dass es sich dabei nicht um ein wirkliches Problem handeln kann. In dem Gedicht »Ich und Du« *(Jetzt sind wir sechs)* sind Christopher Robin und Pu übereinstimmend der Meinung, dass zweiundzwanzig das Ergebnis von zwei mal elf sei. Wir wissen auch, dass Christopher Robin einmal versucht hat, Winnie-dem-Pu das »Eimer Eins« beizubringen. All das belegt, dass zwei mal sieben kein ernsthaftes Problem für ihn darstellen kann. Aber wie ist dieses kleine arithmetische Problem dann zu deuten?

Es erschien mir ganz natürlich, die Erklärung bei Sigmund Freud (1856–1939) höchstpersönlich zu suchen, dem Vater der Psychoanalyse. Und da wir es mit Zahlen zu tun haben, bietet sich der Abschnitt über die Zahlen im Kapitel XII seines Werkes *Zur Psychopathologie des Alltagslebens* an, einer von Freuds bekanntesten Texten.

Freud erläutert dort, dass jede scheinbar beliebig ausgewählte Zahl in engem Zusammenhang mit der Psyche des Menschen stehe, von dem die Zahl ausgewählt wurde. Der Zusammenhang mag zwar tief im Unbewussten vergraben liegen, aber er sei auf jeden Fall vorhanden.

Falls das Folgende ein wenig weit hergeholt erscheint, so kann ich meinen Leserinnen und Lesern versichern, dass es erheblich verständlicher ist als einige von Freuds Beispielen, die häufig auf einer recht komplexen (unbewussten) geistigen Arithmetik basieren. Bei genauerer Betrachtung der Milne'schen Zahlen sah ich 2 7 12 22. Nach einigem Herumexperimentieren gelangte ich dann zu folgender Lösung: 2 (7 + 12. 22) gleich 2 (1922).

Jetzt war mir alles klar. Obwohl wir uns hier schwerpunktmäßig Pu widmen, dürfen wir nicht vergessen, dass Milne in verschiedenen Genres ein sehr erfolgreicher Autor war. Er war Journalist und Dramatiker und schrieb auch einen hervorragenden Kriminalroman mit dem Titel *Das Geheimnis des roten Hauses*,

der im Jahre 1922 – natürlich! – erschien. Gibt es ein besseres Versteck für einen Hinweis als in dem Erscheinungsjahr eines Krimis? Und gibt es einen besseren Hinweis auf die ursinologische Psychologie als die Anwendung der Freudschen Numerologie?
Um letzte Zweifel auszuräumen, sagt uns die Zahl 2 in dem Ergebnis, dass wir nach zwei Quellen suchen müssen. Dass damit *Pu der Bär* und *Pu baut ein Haus* gemeint sind, ist nahe liegend. Es könnten aber auch zwei Quellenarten gemeint sein, nämlich die Gedichtbändchen *Als wir noch ganz klein waren* und *Jetzt sind wir sechs* plus die beiden Prosawerke. Wir werden bald feststellen, dass es ratsam ist, sich an die letztere Möglichkeit zu halten.

Pus beruflicher Status

Einige Psychologen mögen der Ansicht sein, dass ich den Begriff »Psychologie« zu locker verwende. Ich hoffe, ich kann sie im Verlauf dieses Buches davon überzeugen, dass mir die wichtigen Unterschiede zwischen, sagen wir, Psychoanalytikern, Psychiatern und Psychologen durchaus bekannt sind. Aber wenn ich von Pu und den Psychologen spreche, halte ich mich an die verbreitete Definition, nach der Psychologie die Wissenschaft vom Erleben und Verhalten ist, oder an die klassische Definition von William James, Psychologie sei die Wissenschaft vom mentalen Leben. Professor George Miller griff die Definition 1962 wieder auf, wenn auch mit der Einschränkung, dass der Begriff einer Wissenschaft vom mentalen Leben seit James' Zeit komplexer und schwieriger geworden sei. Zum Glück war dies dem großen Bären fast ein halbes Jahrhundert früher klar als Miller.

Die Leser können mit Fug und Recht erwarten, dass ich die hohen Ansprüche rechtfertige, die ich an Pus psychologische Sachkenntnis und sein therapeutisches Können bei ihrer Umsetzung stelle. Ich bin recht zuversichtlich, dass das in den Milne'schen Texten enthaltene Material mir ausreichend Stoff liefert, um allen vernünftigen Ansprüchen zu genügen. Aufgrund der schier unerschöpflichen Stofffülle ist allerdings sowohl hinsichtlich der Beispiele als auch der Interpretationen eine Auswahl unvermeidlich. All meine bisherigen ursinologischen Studien habe ich in der Hoffnung betrieben, meine Leserinnen und Leser dazu zu inspirieren, eigene Betrachtungen anzustellen und – was noch wichtiger wäre – zu eigenen Auslegungen zu gelangen. Die folgende kleine Einführung soll ihnen zu beidem ausreichend Gelegenheit geben.

An dieser Stelle möchte ich nun ein Problem ansprechen. Zu Beginn von Pus allererster Fallstudie lesen wir, dass »Winnie-der-Pu ganz allein unter dem Namen Sanders in einem Wald« wohnt und dass er den Namen in goldenen Buchstaben über der Tür stehen hat. Warum »Sanders«? Und warum goldene Buchstaben? Winnie-der-Pu hat etliche unterschiedliche Namen, aber er wird nie wieder »Sanders« genannt, ein Umstand, der nicht als nebensächlich abgetan werden darf. Jedes Wort in den Milne'schen Texten ist mit einer Präzision ausgewählt worden, die Flau-

bert neidisch gemacht hätte. Die Bedeutung dieses Namens wird dadurch unterstrichen, dass er unseren ersten Eindruck von Pu prägt. Außerdem ist er nicht nur Bestandteil des Textes, sondern auch einer Illustration von Shephard. Vielleicht finden wir ja dort einen Hinweis. Schauen wir sie uns einmal an:
Das Bild steuert zumindest zwei durchaus wichtige Informationen bei. Der Name steht auf einem Schild, und zwar, wie wir im Text erfahren, in goldenen Buchstaben, und daneben hängt eine Türglocke. Liegt da nicht die Vermutung nahe, dass es sich um eines jener typischen Messingschilder handeln könnte, wie man sie häufig an der Praxis eines Facharztes sieht, zum Beispiel an der eines Psychotherapeuten? In diesem Falle hätte die Glocke die Funktion, Pu davon in Kenntnis zu setzen, dass ein Patient zu ihm möchte.
Wie passt der Name »Sanders« zu dieser Hypothese? Erinnern wir uns, dass die vorliegende Untersuchung von dem namhaften Kinderpsychologen D. W. Winnicott inspiriert wurde. Zudem wissen wir, dass Kindern beim Schlafengehen häufig gesagt wird, dass das Sandmännchen kommt. Da Winnicott außerdem Psychoanalytiker war, ist es vom Schlaf nur ein kurzer Schritt zu den Träumen, einer wesentlichen Materialquelle für Analytiker aller Richtungen. Dieser

Zusammenhang ist nicht nur Psychotherapeuten bekannt – immerhin lautete vor einigen Jahren eine Zeile in einem Popsong: »Oh, Mr. Sandman, bring me a dream.« Lassen sich all diese Fakten zusammengenommen nicht dahin gehend deuten, dass wir Pu als Psychologen und somit vielleicht als Traumdeuter begreifen können?

Bevor wir diese Frage beantworten, lassen Sie uns den Rat befolgen, den der begeisterte Traumdeuter Freud selbst gegeben hat. Seiner Meinung nach machen strenge Verifizierungsmethoden und das Suchen nach tief greifenden Zusammenhängen den wesentlichen Charakter wissenschaftlichen Arbeitens aus. Wenn wir nicht präzise verifizieren, müssen wir unter Umständen feststellen, dass die von uns entdeckten Zusammenhänge nicht tief greifend, sondern weit hergeholt sind. Meine Leser werden sehen, wie gewissenhaft ich diese Mahnung im Laufe der folgenden Seiten beherzigt habe.

FALL 1

Pu heilt Christopher Robins Arktophobie

Ziemlich zu Anfang von *Als wir noch ganz klein waren* findet sich ein Gedicht mit dem Titel »Striche und Karos«, das folgendermaßen beginnt:

> Wenn ich in London durch die Straßen lauf,
> Dann paß ich gut auf meine Füße auf
>   Und trete immer nur auf die Karos,
>   Die bösen Bären warten nämlich bloß,
>   Bis einer kommt und hat vergessen:
> Wer auf'n Strich tritt, wird gefressen!
>   Schaut her, ihr Bären, dick und groß,
>   Ich trete bloß auf die Karos!
> Ich trete niemals nich auf einen Strich!

Wir haben es hier mit einem klaren Fall von Arktophobie (irrationale Angst vor Bären) zu tun. Christopher Robins Arktophobie ist in diesem Stadium bereits so weit fortgeschritten, dass er diejenigen, die seine Angst nicht teilen, als »Dummköpfe« diskreditiert – ein krasser Gegensatz zu seiner Haltung in der ganzen Prosa-Saga um Pu. An die Stelle seiner irrationalen Angst vor Bären ist eine herzliche und ungetrübte Freundschaft zu dem großen Bären getreten. Ja, man könnte sogar meinen, dass seine Heilung ein wenig zu weit gegangen ist. Christopher Robin hat ein liebevolles, aber gemeinhin etwas herablassendes Verhältnis zu Pu. Nur einmal – als er das Rettungsschiff »Pus Verstand« nennt (siehe *Pu der Bär*, Neuntes Kapitel: »In welchem Ferkel völlig von Wasser umgeben ist«) – erkennt er, wenn auch nur ansatzweise, dass er sich jemandem gegenüber sieht, der von enormem Verstand ist. Wie auch immer wir dazu stehen, unstrittig ist, dass Christopher Robin von seiner Arktophobie gründlich geheilt wurde. Damit stellt sich die Frage: Wie?

Wie der krankhafte Zustand, so wird auch die angewandte Therapie in den beiden Gedichtbändchen deutlich umrissen. Gegen Ende von *Als wir noch ganz klein waren* steht das Gedicht »Teddy Bär«. Allein schon der Titel weckt das Interesse eines jeden Ursinologen. Die Bedeutung des Gedichtes wird auch dadurch verdeutlicht, dass es sich um das längste in der gesamten Sammlung handelt. Auf den ersten Blick geht es unverkennbar um den Teddybär im Sinne eines Stofftieres für Kinder. Schon das ist ein spürbarer Schritt nach vorn. Der Bär ist nicht länger der imaginäre Feind, sondern ein Spielzeug, das keine Furcht mehr auslöst, sondern Zuneigung.

Eine ausführliche Analyse dieses Schlüsseltextes würde in einer Einführungsuntersuchung wie der vorliegenden zu viel Raum einnehmen. Das Gleiche gilt sogar für einen detaillierten Vergleich von Teddy mit Winnie-dem-Pu. Bevor ich jedoch weiter auf diesen Fall von Arktophobie eingehe, muss ich die geschätzte Aufmerksamkeit meiner Leserinnen und Leser auf einige ins Auge springende Tatsachen lenken, die zu weiterem Nachdenken anregen:

1. Teddy wirkt zunächst ausgesprochen passiv. Er fällt von der Ottomane, »Doch fehlt ihm meist die Energie / Von neuem zu erklimmen sie«. (Sicherlich ein Euphemismus dafür, dass er nicht dazu imstande ist.)
2. Später ist er dagegen durchaus in der Lage, unabhängige Bewegungen zu vollführen. E. H. Shepard zeigt ihn, wie er vor einem kippbaren Standspiegel steht und sich darin betrachtet. Gegen Ende des Gedichts begibt er sich auf die Straße und fragt den dicken Mann, ob er der König von Frankreich sei, und wir sehen, wie er sich vor dem König verbeugt.

3. Noch bemerkenswerter ist seine Motivation für das alles. Er macht sich nämlich inzwischen Sorgen, weil er zu »korpulent« ist. Ein kleiner Trost ist es deshalb für ihn, als er ein Bild von einem unübersehbar »fetten« König von Frankreich

sieht und liest, dass seine Majestät »Der Schöne« genannt wurde. Erst recht zufrieden ist er, als er den »Fettwanst« anspricht und dieser ihm bestätigt, dass er tatsächlich der König von Frankreich ist.
4. Diese kleine Episode belegt, dass Teddy zu Schüchternheit und Ängstlichkeit neigt.
5. Er ist obendrein belesen. Er *liest* über den König von Frankreich, und er achtet auf seine Wortwahl. Als ihm einmal ein dialektales »so fett wie icke« entfährt, korrigiert er sich prompt: »Ich mein, so fett wie ich.«
6. Unser Bär wird in dem Gedicht überwiegend »Teddy« genannt. Nur zweimal »Bär Teddy«, und in seinem Gespräch mit dem König von Frankreich sagt seine Majestät »Mister Edward Bär« zu ihm. In den beiden großen Texten von Milne findet sich das Wort »Teddy« nicht ein einziges Mal.

Doch selbst der flüchtigste Leser wird sich erinnern, dass das erste Kapitel von *Pu der Bär* folgendermaßen beginnt: »Hier kommt nun Eduard Bär die Treppe herunter...« Und bereits am Ende desselben

Absatzes heißt es: »Jedenfalls ist er jetzt unten angekommen und bereit, dir vorgestellt zu werden. Winnie-der-Pu.« Dieser Namenswechsel nach nur wenigen Zeilen deutet zweifelsohne den Übergang von einem über alles geliebten Spielzeug zu dem enormen Verstand von Pu an, zu dessen psychologischen Fähigkeiten wir nun zurückkehren.

Allen Ursinologen, die sich auch mit den Methoden der Verhaltenspsychologie auskennen, ist sicherlich bereits aufgefallen, dass wir es hier mit der so genannten systematischen Desensibilisierung zu tun haben, dem schrittweisen Abbau neurotischer Angstgewohnheiten, der es dem Patienten letztlich ermöglicht, die frühere Angst entspannt und im Bewusstsein der eigenen Kraft anzugehen. In *Jetzt sind wir sechs* hat Christopher Robin seine Furcht vor Bären schon so weit überwunden, dass er sein Kinderzimmer nicht mehr mit einem Stoffbären, sondern mit einem lebendigen Bären teilt.

In dem Gedicht »Ich und Du« hat er sogar eine ganz besondere Nähe zu seinem Bären hergestellt, der nun bezeichnenderweise »Pu« genannt wird. In »Der Pelzbär« schaut ein deutlich pu-typischer Bär einen größeren Schwarzbären in einem Käfig an. Jetzt befindet sich nur noch der freundliche Bär in Freiheit. Der möglicherweise gefährliche Bär ist sicher hinter

Gittern eingesperrt. Somit kann sich Christopher Robin in nebenstehender Abbildung auf das Wettrennen zwischen zwei Regentropfen an der Fensterscheibe konzentrieren, ohne den Bär, der da neben ihm auf der Fensterbank sitzt, auch nur zu bemerken.

Die Illustration zu dem Gedicht »Zum Schluss« zeigt uns schließlich einen Christopher Robin, der glücklich mit seinem Bären und Ferkel tanzt, ein Bild, das an das im Jahr davor erschienene Meisterwerk *Pu der Bär* erinnert.

Nachdem ich nun den Erfolg der Genesung und die angewandte Therapieform hinreichend belegt habe, muss ich den versprochenen Beweis liefern, dass Winnie-der-Pu der Therapeut ist, dem diese Genesung zu verdanken ist. Sicherlich sind vielen meiner Leserinnen und Leser die entsprechenden Hinweise nicht entgangen, dennoch bin ich der Auffassung, dass die Beweiskette verdeutlicht werden sollte. Ich werde daher kurz umreißen, in welche Rollen Winnie-der-Pu als Therapeut sukzessive schlüpft. Diese Rollen deuten immer stärker seine wahre Natur an, doch erst in den Prosawerken tritt diese dann vollständig zutage.

Sehr aufschlussreich sind auch hier wieder einmal E. H. Shepards Illustrationen. In jeder Phase von Christopher Robins Heilungsprozess finden wir Bilder von einem Bären, der von Pu Bär optisch nicht zu unterscheiden ist. Die schlichten Worte des Textes scheinen dagegen keine Identifikation zu erlauben. So lesen wir im Gedicht »Teddy Bär«, dass Teddy zu wenig Sport treibe, wo wir doch alle wissen, dass Pu regelmäßig Kraftübungen macht und häufig und bei jedem Wetter Spaziergänge unternimmt.

In »Ich und Du« wird der Bär nicht mehr nur als Stofftier betrachtet; er wird sogar »Pu« genannt, wenn auch interessanterweise nicht »Winnie-der-

Pu«, geschweige denn »Winnie-*der*-Pu«. Auffälligerweise fördert er nicht nur Christopher Robins intellektuelles Selbstvertrauen, indem er dessen Ideen stets bekräftigt, sondern auch dessen Mut, indem er sagt: »Ich fürcht mich nie, sind wir zu zweit, wir beide, ich und du.« Natürlich wäre es absurd, aufgrund dieser Aussage zu denken, dass der Therapeut von seinem Klienten Schutz bräuchte. Wir haben hier vielmehr ein frühes Beispiel für Pus Bereitwilligkeit, zum Besten seines Klienten eine untergeordnete Rolle anzunehmen. Wohltätige Bescheidenheit ist eine typische Eigenschaft von Pu, durch die er sich von so vielen Psychologen abhebt.

Bevor wir auf Pus nächste Rolle eingehen, muss ich meine Leser auf einen Beweis aufmerksam machen, ohne den das Wesen von Pu Bär kaum zu er-

fassen ist. In der Illustration am Ende von »Ich und Du« sehen wir, wie Christopher Robin, gefolgt von Pu, eine Treppe hochgeht, offenbar auf dem Weg ins Bett. Es ist beschämend für alle Ursinologen, dass bislang niemand, wie ich gestehen muss, einschließlich meiner Wenigkeit, auf die Bedeutsamkeit der Tatsache hingewiesen hat, dass Pu ganz allein und ohne Hilfe die Treppe hochsteigt.

Damit ist unversehens das Rätsel gelöst, das vielen von uns Kopfschmerzen bereitet hat. Zu Beginn von *Pu der Bär* sehen wir auf einem Bild, wie er mit dem Kopf voran die Treppe heruntergezogen wird, ohne sich darüber im Klaren zu sein, dass es vielleicht noch eine andere Art gibt, treppab zu gehen. Im weiteren Verlauf des Buches erleben wir ihn jedoch äußerst aktiv, er klettert sogar auf Bäume. Wie lassen sich diese unbestreitbaren Tatsachen miteinander vereinbaren? Einfach, indem wir uns klar machen, dass, wie wir aus dem Text erfahren, der auf dem Hinterkopf aufschlagende Bär Eduard Bär ist, also das Stofftier. Der Bär, dessen enormen Verstand wir danach mit Vergnügen studieren können, ist Winnie-der-Pu. Shepards Zeichnung am Ende von »Ich und Du« bestätigt diese Hypothese und zeigt uns überdies, dass der »Pu« des Gedichtes sich mehr und mehr dem großen Bären annähert.

In dem Gedicht »Der Pelzbär« macht die Pu-Gestalt keinen Hehl aus ihrer Überlegenheit, während der pelzige Bär sicher hinter Gittern steckt. Gleichzeitig jedoch wird er in gewisser Weise auch als beneidenswert dargestellt:

> Wär ich ein Bär
>   Wie die ganz großen Bären,
> Eis, Rauhreif und Kälte
>   Egal mir wären,
> Eis, Kälte und Schnee
>   Wären schnuppe mir dann,
> Denn dann hätt ich ja
>   Einen Pelzmantel an.

Die bereits erwähnte Illustration mit dem Wettrennen der Tropfen an der Fensterscheibe bringt uns Pus Welt näher. Unter dem Fensterbrett, das sich Christopher Robin und der Bär teilen, sind eindeutig Ferkel und I-Ah dargestellt! Und wir haben schon gesehen, dass eine Illustration zu »Zum Schluss« Christopher Robin zeigt, wie er mit Pu und Ferkel tanzt, erneut beide deutlich erkennbar. Somit ist während der gesamten Behandlung von Christopher Robins Arktophobie stets eine Pu-Figur zugegen. Noch entscheidender dabei ist, dass diese Pu-Figur, wie ich oben dargelegt habe, immer deutlicher die Züge von Winnie-dem-Pu annimmt. Es kann also kein Zweifel mehr daran bestehen, dass Pu der Therapeut ist, der die Heilung bewirkt hat.

Abgesehen davon, dass diese Fallstudie an sich höchst interessant ist, verdeutlicht sie auch, wie gut

Milne seine Leserinnen und Leser darauf vorbereitet hat, in den beiden anschließenden großen Prosawerken nach psychologischem Stoff zu suchen. Zudem müssen wir uns erneut vor Augen halten, dass wir die vielschichtigen Meisterwerke ohne eingehendes Studium ihrer Prolegomena – den vorbereitenden Stoff der beiden Versbändchen – nicht richtig würdigen können. Dass diese entscheidende Erkenntnis erst so spät gemacht wurde, führt zu jener wahrhaft gelehrten Mischung aus schmerzlichem Bedauern ob der Torheit anderer und einer gewissen Überheblichkeit angesichts der eigenen sublimen Klugheit.

Die folgenden Kapitel werden Pus umfassende therapeutische Fähigkeiten beispielhaft belegen, ebenso wie sein fehlerfreies Urteilsvermögen in ihrer Anwendung. Einige meinen vielleicht, die Heilung von Christopher Robins Arktophobie sei eine leichte Aufgabe gewesen. In Wahrheit können Phobien aber äußerst hartnäckig sein. So mancher bedauernswerte

Mensch hat sein ganzes Erwachsenenleben hindurch mit Phobien zu kämpfen, die er seit der Kindheit mit sich herumschleppt. Richtig ist jedoch, dass einige andere Fälle für Pu eine größere Herausforderung darstellen, wobei der Höhepunkt wohl die erfolgreiche Behandlung von I-Ahs schwerer klinischer Depression ist, ein pathologischer Zustand, der den Erkrankten regelrecht lähmen kann und der bekanntermaßen überaus schwer zu lindern ist.

Die Desensibilisierungstherapie, die Pu so erfolgreich anwendet, ist ein ausgezeichnetes Beispiel für eine Verhaltenstherapie. Die Verhaltenstherapie lässt sich nur schwer definieren, ohne dass der Begriff dabei eingeengt oder überstrapaziert wird. Begnügen wir uns an dieser Stelle mit der Feststellung, dass nach Ansicht von Verhaltenstherapeuten die Patienten ihre Probleme erlernen und dass die Lösungen sich ebenfalls erlernen lassen, mit entsprechender therapeutischer Hilfe.

Christopher Robin hat selbst an den unwahrscheinlichsten Orten Angst vor Bären. Ich denke, wir können mit Fug und Recht davon ausgehen, dass er diese Angst erlernt hat. Eine solche Angst und der Glaube, dass er auf magische Weise vor Bären geschützt ist, wenn er auf dem Bürgersteig nicht auf die Striche zwischen den Platten tritt, wird wohl kaum angeboren sein. Viele Menschen glauben daran – wenn auch nicht ernsthaft. Daher ist es nahe liegend, dass irgendein törichter oder schelmischer Erwachsener Christopher Robin diese Angst eingepflanzt hat.

Somit hat sich Pu, noch ehe die große Pu-Saga beginnt, als ungemein tüchtiger Therapeut erwiesen. Und noch wichtiger für alle Pu-Fans ist, dass er die ganze Pu-Geschichte überhaupt erst ermöglicht hat. Denn wenn Christopher Robin seine Bärenphobie nicht überwunden hätte, dann hätte es keinen Winnie-den-Pu gegeben. Ich fordere meine Leserinnen und Leser auf, über diese entsetzliche Möglichkeit nachzudenken, ehe sie weiterlesen. Dann werden sie, davon bin ich überzeugt, die nun folgenden Fallstudien mit der bewundernden Dankbarkeit goutieren können, die dem großen Bären gebührt.

FALL 2

Pu unterstützt Ferkels Entwicklungsprozess

Ferkel nimmt in Pus Welt einen ganz besonderen Platz ein. Gleich am Anfang von *Pu der Bär* sagt der Autor: »Mein liebes Ferkel ... das ganze Buch handelt von dir.« So gesehen können wir das gesamte Milne'sche Opus als eine Fallstudie darüber deuten, wie Ferkel sich von dem ängstlichen und emotional abhängigen »sehr kleinen Tier«, als das wir es kennen lernen, zu dem »tapferen« Ferkel mausert, das Eule und Pu eigenhändig rettet und sich somit die höchste Ehre verdient, kurz vor dem Ende von *Pu baut ein Haus* bei Pu einzuziehen.

Schon oft habe ich die ungeheure Blindheit anderer Wissenschaftler gegenüber der Bedeutungsvielfalt der großen Milne'schen Texte beklagt. Daher muss

ich nun auch ehrlicherweise eingestehen, dass ich selbst sträflich blind war und die offensichtlichen Anzeichen für Ferkels Entwicklung übersah, die recht auffällig am Anfang und am Ende der Pu-Saga platziert sind.

Die Anerkennung, die Ferkel gegen Ende von *Pu baut ein Haus* zuteil wird, als Pu ihm anbietet, bei ihm einzuziehen, blieb natürlich nicht unbemerkt. Aber wie viele von uns haben von dort die Verbindung zu Ferkels erstmaligem Auftauchen gezogen? In der »Vorstellung« von *Pu der Bär* lesen wir, dass »Ferkel so klein ist, dass es in jede Tasche passt«. Sobald wir beides zusammenzählen, springt uns die Wahrheit förmlich von der gedruckten Seite entgegen. Ferkels Fortschritte werden in seinem psychischen Reifeprozess zusammengefasst: aus Christopher Robins Tasche in das Haus von Winnie-dem-Pu.

Jeder, der die Bedeutung dieser Veränderung bezweifelt, muss nur die beiden Situationen miteinander vergleichen. Da steckt jemand zunächst in der Tasche eines liebenswerten Jungen, der die Zweierreihe noch nicht beherrscht, und befindet sich später im Haus von Pu, der, wie ich in *Jenseits von Pu und Böse* nachgewiesen habe, ein Meister der höheren Mathematik, ja ein Meister der gesamten abendländischen Philosophie sowie der Höchste Magus des zweiten Jahrtausends ist (siehe *Die Prophezeiungen des Pudradamus*) und den ich jetzt als Meisterpsychologen vorstelle.

Wie kam es zu dieser Verwandlung? Oder vielmehr, um die Frage mit den entsprechenden ursinologischen Begriffen zu formulieren: Wie hat der psychologische Sachverstand von Winnie-dem-Pu sie bewirkt? Zur Beantwortung der Frage müssen wir Ferkels Entwicklung genauer unter die Lupe nehmen und uns nach jedem Schritt die Frage stellen, in welcher Weise Pu dabei unterstützend tätig war.

Ferkels erstes Auftauchen

Genau genommen taucht Ferkel zum ersten Mal in einer von Shepards Illustrationen im zweiten Kapitel von *Pu der Bär* auf, und zwar ist es in der Gruppe von Pus Freunden zu sehen, die Pu helfen, als er zu einem »eingeklemmten Bären in starker Bedrängnis« geworden ist.

Wir haben weiter oben bereits die weit reichenden Implikationen dieses Vorfalls untersucht und dessen eigentliche Bedeutung erörtert. Jetzt müssen wir uns darauf konzentrieren herauszufinden, welche Rolle Ferkel dabei spielt. Shepard zeigt Ferkel, wie es am Schwanz einer Maus zieht, während eine weitere

Maus an ihm selbst zieht. Im Text wird Ferkel mit keinem Wort erwähnt. Wir können daraus schließen, dass es zwar eine lobenswerte Hilfsbereitschaft an den Tag legt, seine Rolle bei der Rettungsaktion aber ausgesprochen klein ist.

Erst im dritten Kapitel von *Pu der Bär* deutet sich an, was der Autor in der »Vorstellung«, also der Einleitung, mit der Aussage gemeint hat, dass das ganze Buch von Ferkel handele. Wir werden zudem Zeugen, wie Ferkel die ersten, wenn auch zögerlichen Schritte auf dem Weg von Christopher Robins Tasche bis zu Pus Haus macht.

Gleich im ersten Abschnitt des neuen Kapitels findet sich eine Fülle ungeheuer bedeutsamer Informationen über Ferkels psychologische Situation und seine daraus resultierende Bedürftigkeit. So lesen wir:

> Das Ferkel wohnte in einer großartigen Wohnung inmitten einer Buche, und die Buche stand inmitten des Waldes, und das Ferkel wohnte inmitten der Wohnung.

Das Bild von Ferkel, »einem sehr kleinen Tier«, wie es ganz allein in einer großartigen Wohnung lebt, lässt augenblicklich eine gewisse Isolation vermuten. Die nachdrückliche Erwähnung, dass es inmitten des Waldes, inmitten des Baumes und inmitten der Wohnung lebt, legt dann noch stärker den Gedanken an einen furchtsamen Rückzug von der Außenwelt nahe. Wie wir sehen werden, ist dies ein Teil, aber nur ein Teil seines Charakters. Der Rückzug in eine innere Festung wird kompensiert durch die Freude an Gesellschaft. Ferkel legt auch großen Wert auf seine Herkunft. Auf dem zerbrochenen Schild vor seinem Haus steht BETRETEN V, was laut Ferkel für Betreten Victor steht, den Namen seines Großvaters. Als es wenig später Pu hilft, ein Wuschel aufzuspüren, vertreibt es sich die Zeit, »indem es Pu erzählte, was sein Großvater Betreten V gegen Steifheit in den Gliedern nach der Spurensuche unternommen hatte und wie sein Großvater Betreten V in seinen späteren Jahren an Kurzatmigkeit gelitten habe sowie anderes Interessantes ...«

Obwohl kein Pu-Fan auf die Idee käme, Milne den Vorwurf beißender Häme zu machen, fürchte ich dennoch, dass manch einer ihm sanften Spott unterstellt, wenn er Ferkels Erinnerungen als etwas »Interessantes« bezeichnet. Dabei wird jedoch vollkommen übersehen, dass die Dinge, die Ferkel zu erzählen hat, in der Tat von großem Interesse für sein unmittelbares Publikum sind: Winnie-der-Pu in seiner Eigenschaft als Therapeut. Nur innerhalb dieses Bezugsrahmens können wir verstehen, warum Pu sich fragt, »wie ein Großvater wohl aussehen mochte und ob sie vielleicht gerade zwei Großvätern auf der Spur waren«. Von allen möglichen Interpretationen ist in diesem Zusammenhang nur eine plausibel: Pu denkt darüber nach, was für eine Vorstellung Ferkel wohl von einem Großvater hat. Wir sollten, so meine ich, kurz überlegen, welche Gedanken ihm höchstwahrscheinlich durch sein enormes Gehirn geschwirrt sind.

1. Ferkel hält zwar hartnäckig daran fest, dass mit BETRETEN V der Name seines Großvaters Betreten Victor gemeint ist, aber ist ihm auch klar, dass es »Betreten verboten« geheißen haben könnte?
2. Falls ja, deutet Ferkel dann als Ur-Vagabund eine Ausschlussandrohung in eine vertraute, familiäre Begrüßung um? Fürchtet es im Umkehrschluss den unbekannten Vorfahren als bedrohlichen Eindringling?
3. Lässt die Möglichkeit zweier Großväter darauf schließen, dass Ferkel beide Betrachtungsweisen in sich trägt? Wie Pu sehr wohl weiß, kann das

Unbewusste ohne weiteres zwei widersprüchlichen Überzeugungen Raum bieten.
4. Wenn man diesem Gedankengang folgt, ist es durchaus möglich, dass Pu eine gewagte Extrapolation vornimmt von Melanie Kleins Konzept der guten und der schlechten Mutter (siehe Fall 5, S. 161) zum Konzept des guten und des schlechten Großvaters.
5. Wird diese Doppelnatur durch die beiden Namen »Wuschel« und »Wischel« repräsentiert? Diese These mag zu spekulativ erscheinen, ist jedoch im Kontext der Spurensuche kaum zu vermeiden.
6. Dass er sich fragt, ob er einen von den Großvätern mit nach Hause nehmen und behalten dürfe, ist ein eindeutig figurativer Ausdruck der Hoffnung, dass es ihm gelingen möge, Ferkel von der Last seiner unbewussten Furcht zu befreien und einen Beleg für sein Patientenbuch mit nach Hause nehmen zu können.

Als er sich fragt, was Christopher Robin dazu sagen würde, können wir im Grunde davon ausgehen, dass er eine dramatische Szene erwartet, wenn Christopher Robin von der psychologischen Komplexität des kleinen Wesens erfährt, das er nichts ahnend in der Tasche mit zur Schule genommen hat.

Selbst flüchtigen Lesern wird in der Illustration zu Beginn des dritten Kapitels aufgefallen sein, dass »Ferkel gerade den Schnee vor seiner Wohnung« wegfegt, manchem jedoch ist vielleicht die Kleinigkeit entgangen, dass an der Leine hinter Ferkel Wäsche hängt. Bei dem einen der beiden Wäschestücke handelt es sich offenbar um eine lange Unterhose, das andere sieht aus wie ein Geschirrtuch oder eine Serviette. Wir sehen hier also sowohl ein Exemplar der persönlichen Wäsche als auch eines der Haushaltswäsche. In Verbindung mit dem Schneefegen haben wir es mit einem anschaulichen, ja man könnte sagen, einem symbolischen Porträt eines Ferkels zu tun, das Wert darauf legt, sich als jemand zu präsentieren, der die Pflichten außerhalb und innerhalb des Haushalts ernst nimmt und gewissenhaft erledigt.

All das bestärkt uns in der Ansicht, dass Ferkel ein starkes Bedürfnis nach einer stabilen Stellung in der Gesellschaft hat. Obendrein bereitet es uns darauf vor, dass Ferkel sich zuerst Christopher Robin und später Winnie-dem-Pu gegenüber fast wie ein Kind verhält.

Pus erste Behandlung von Ferkel

Nach unserer einleitenden Analyse von Ferkels Zustand beginnen wir nun mit unserer Untersuchung der ersten längeren Interaktion zwischen Ferkel und Pu. Im Rahmen der vorliegenden Arbeit können wir davon ausgehen, dass wir es mit der ersten Therapiesitzung zu tun haben, in der Pu Ferkels psychologische Probleme behandelt.

Obwohl Pu normalerweise einen eklektischen Ansatz praktiziert, orientiert er sich in seiner Behandlung von Ferkel überwiegend an C. G. Jung. Das passt wunderbar zu seiner typischen Weigerung, seinem kleinen Freund etwas vorzuschreiben oder gar im Voraus zu entscheiden, wie Ferkels Probleme zu lösen wären. Jung selbst hat ja festgestellt, dass sich Lösungen nur auf eine individuelle, nicht vorhersehbare Weise ergeben. Diese Haltung entspannter Wachsamkeit durchdringt Pus Behandlung von Ferkel von Anfang an. Wir sehen, wie behutsam Pu vorgeht. Weit davon entfernt, Ferkels Probleme oder gar Ferkel selbst direkt anzusprechen, scheint Pu ganz und gar mit sich selbst beschäftigt. »Pu ging immer im Kreis herum und dachte an etwas anderes, und als Ferkel mit ihm reden wollte, ging er einfach weiter.«

Damit weckt er natürlich Ferkels Neugier, denn er weiß intuitiv, dass das Labyrinth von Ferkels Unbewusstem durch sein merkwürdiges Im-Kreis-Gehen angesprochen wird. Als Ferkel fragt, was er da mache, lautet Pus rätselhafte Antwort, er jage oder spüre etwas auf, was seinen kleinen Freund noch neugieriger macht. Vier Sätze verlangen unsere besondere Aufmerksamkeit:

>»Was spürst du denn auf?«, sagte Ferkel und kam näher.
>»Genau das frage ich mich auch. Ich frage mich: Was?«
>»Und was, glaubst du, wirst du dir antworten?«
>»Ich muss warten, bis ich es eingeholt habe«, sagte Winnie-der-Pu.

Der erste und der dritte Satz zeigen, dass es Pu gelungen ist, Ferkels Interesse zu wecken. Der zweite und der vierte bestätigen eindeutig, was wir bereits über Pus Methode in diesem Fall gesagt haben. Als Jung schrieb, dass individuelle Lösungen nicht vorhersehbar seien, paraphrasierte er offenbar Pus Antwort: »Ich muss warten, bis ich es eingeholt habe.«
Wenn wir in diesem frühen Stadium im Fall Ferkel

ein bisschen vorausschauen, sehen wir die Wurzel allen Übels: Das »es« ist nämlich das Problem, das Ferkels übermäßiger Furchtsamkeit und seiner Abhängigkeit von anderen zugrunde liegt. Pu ist sicherlich erfreut, als Ferkel selbst ihm einen wichtigen, ja entscheidenden Wink gibt, indem es leicht vor Aufregung quiekend fragt: »Oh, Pu! Glaubst du, es ist ein ... ein ... ein Wuschel?«

Pus Erwiderung »Könnte sein ... Manchmal ist es das, und manchmal ist es das nicht. Bei Pfotenabdrücken kann man nie wissen« beweist seine zutiefst wissenschaftliche Vorsicht bei der Identifizierung der schwer fassbaren Ungeheuer, die in der Tiefe des Unbewussten lauern. Ferkels Reaktion indes muss ihm erneut Auftrieb geben. Wie Ferkels Aufregung zeigt, hat es erkannt, dass etwas Wichtiges ansteht. Sein überaus deutliches Zögern, bevor es den Namen »Wuschel« ausspricht, lässt allerdings auf Furcht schließen. Umso mehr muss man Ferkel zugute halten, dass es, trotz seiner Furcht und obwohl es »ein sehr kleines Tier« ist, nicht zögert, Pu bei der Suche nach dem Wuschel zu begleiten, obgleich Pu warnt, dass die Wuschel – es sind inzwischen zwei – sich als feindselige Tiere erweisen könnten.

Wir sehen hier einen Wendepunkt in Ferkels Entwicklung. Bei jeder Therapie von der Art, wie Pu sie anwendet, muss sich der Analysand irgendwann seinen tiefsten Ängsten stellen. Obwohl man immer wieder auf Hindernisse stößt und es zu Rückschlägen kommt, die es zu verwinden gilt, hat Pu inzwischen allen Grund zur Zuversicht, dass Ferkel bis zum endgültigen Erfolg durchhalten wird.

Derweil umrunden Pu und Ferkel unablässig ein kleines Dickicht aus Lärchenbäumen. Ferkels noch unentwickelter Mut wird aufs Äußerste strapaziert, als es hört, dass sie jetzt drei Wuscheln und einem Wischel folgen. Obwohl es unter einem Vorwand

verschwinden möchte, gerät es nicht in Panik, sondern bleibt bei Pu, bis sie auf Christopher Robin treffen, bei dem, wie Ferkel sagt, Pu nichts passieren kann. Erst dann, so lesen wir, trabt es »so schnell wie möglich nach Hause, sehr froh darüber, aller Gefahr entronnen zu sein«.

Dann folgt eine jener Passagen, die so häufig als Beleg dafür herangezogen werden, dass Pu ein Bär von sehr wenig Verstand ist, noch dazu als Beleg aus seinem eigenen Munde. Natürlich werden meine Leserinnen und Leser inzwischen geneigt sein, eine solche Aussage als absurd abzutun. Wenngleich dies selbstverständlich die im Grunde richtige Reaktion ist, dürfen wir niemals vergessen, dass es unsere ursinologische Pflicht ist – und häufig auch ein persönliches Vergnügen –, Fehler zu berichtigen und Ignoranz aus der Welt zu schaffen. Tun wir also unsere Pflicht.

Nachdem Ferkel gegangen ist, gesellt sich Christopher Robin zu Pu und bezeichnet ihn mit beklagenswerter Respektlosigkeit als »dummer alter Bär«, um ihn gleich darauf zu fragen, warum er um das Dickicht herumgegangen sei. Dann heißt es: »Pu setzte sich hin und dachte, und zwar so nachdenklich, wie er nur denken konnte.« Hätte Milne deutlicher signalisieren können, dass wir nun einen Gedanken erwarten dürfen, der sogar für den enormen Verstand, der ihn hervorbringt, besonders tief schürfend sein wird?

Leider jedoch ist dieses deutliche Signal allgemein missachtet worden! Pus Ausruf »Ich war ein verblendeter Narr ... und ich bin ein Bär ohne jeden Verstand!« ist auf groteske Art und Weise fehlgedeutet worden. Manche – wenngleich ich hoffe, niemand aus meiner derzeitigen Leserschaft – haben doch tatsächlich angenommen, Pu habe seine eigenen Pfotenabdrücke und die von Ferkel für die Spuren eines hypothetischen Wuschels gehalten und erst jetzt die Wahrheit erkannt und sich wegen eines absolut dummen Irrtums selbst getadelt.

Es mag noch immer einige geben, die, wenngleich eindeutig in die Defensive gedrängt, dennoch fragen, wie Pus unstrittiger Selbstvorwurf denn anders zu erklären wäre. Selbstverständlich sind seine Worte darauf zurückzuführen, dass Pu sozusagen gegen seine Schweigepflicht verstoßen hat, indem er, wenn auch unabsichtlich, zuließ, dass ein zuvor nicht instruierter Beobachter bei einem seiner therapeutischen Verfahren zugegen war und zwangsläufig etwas missverstanden hat. Möglich ist auch, dass ihn dieses neue

Beispiel für das herablassende Unverständnis des Laien gegenüber der Kunst der Therapie betrübt.
Ich möchte das Augenmerk meiner Leser auch auf die Formulierung »ein Bär ohne jeden Verstand« lenken. Selbst Pus Freunde mit geringerem Verstand sagen normalerweise nicht, dass er ohne jeden Verstand sei, sondern nur, dass er einen sehr kleinen habe. Pus hyperbolischer Ausdruck drückt dramatisch die Frustration des Genies aus, das geringfügig von seinen allerhöchsten Maßstäben abgewichen ist. Leser, die Pus Worte missverstehen, sind offenbar nicht in der Lage, die zentrale Tatsache seines enormen Verstandes zu erfassen. Wie der letzte Abschnitt vor Augen führt, demonstrieren sie darüber hinaus ihr Unvermögen, jedes Wort und jede Implikation der Milne'schen Texte zu überprüfen und genauestens abzuwägen.
Zum Glück endet das Kapitel über den Wuschel etwas heiterer. Christopher Robin mag zwar blind sein für Pus Größe, aber er ist und bleibt ein wohlmeinender Mensch. Als er Pus momentane Verstimmung bemerkt, reagiert er bewundernswert:

»Du bist der beste Bär der ganzen Welt«, sagte Christopher Robin beruhigend.
»Stimmt das?«, sagte Pu voller Hoffnung. Und dann erhellte sich plötzlich seine Miene.

»Auf jeden Fall«, sagte er, »ist es schon fast Zeit zum Mittagessen.«

Ich denke, wir können Pus Reaktion auf diese etwas herablassende Äußerung so verstehen, dass er den guten Willen seines Freundes wohlwollend akzeptiert und vielleicht sogar anerkennt, dass moralische Tugend ebenso wertvoll sein kann wie intellektuelle Weisheit.

Ein entscheidender Wendepunkt in Ferkels Entwicklung

Die nächste Stufe in Ferkels Entwicklung findet sich im fünften Kapitel von *Pu der Bär*. Es trägt den bezeichnenden Titel »In welchem Ferkel ein Heffalump trifft«. In unserem derzeitigen Kontext kann das nur bedeuten, dass Ferkel sich seiner größten Furcht stellen muss, jener Wirklichkeit, die sich ihm im Wuschel entzog.

Wenn wir wie Pu in diesem Fall mit Jungschen Begriffen arbeiten, erkennen wir, dass er sich mit Ferkels Schatten oder mit Archetypen beziehungsweise *einem* Archetypen befasst. Obwohl Archetypen häufig einzeln behandelt werden, schrieb C. G. Jung dazu, dass es sich vom empirischen Standpunkt aus bei den Archetypen um den Schatten, die Anima und den Animus handelt. C. G. Jungs Archetypen-Theorie ist Teil seiner Theorie vom kollektiven Unbewussten. Da diesbezüglich etliche Missverständnisse herrschen, ist an dieser Stelle eine kurze Erläuterung angebracht. Nach Jung besteht unsere Psyche aus drei Bereichen: erstens das persönliche Bewusste, zweitens das persönliche Unbewusste und drittens das kollektive Unbewusste.

Das persönliche Bewusste kann sich jeder vorstellen. Das ist die Psyche, um die wir alle wissen. Seit Freud haben die meisten von uns auch schon einmal den Begriff des persönlichen Unbewussten gehört, ob wir ihn nun akzeptieren oder nicht. In seiner Arbeit als Therapeut gelangte Jung zu der Überzeugung, dass das Unbewusste Material enthalte, das anders als das persönliche Unbewusste nicht allein aus persönlicher Erfahrung stammen könne. Er stellte dieses Material bei sehr vielen Menschen fest. Noch verblüffender war, dass er dergleichen auch in zeitlich und geographisch weit auseinander liegenden Kulturen und vor allem in der Mythologie vorfand. Dieses Material sei im, wie er es nannte, kollektiven Unbewussten lebendig, und es besitzt für Jung einen universellen und unpersönlichen Charakter, der bei allen Individuen gleich sei.

Dieses Konzept ist als mystisch und somit als inakzeptabel kritisiert worden. Jung hat den Vorwurf vehement zurückgewiesen. Jeder Mensch, so sein Einwand, akzeptiere die Existenz von Instinkten. Instinkte seien unpersönlich und universell, und sie hätten einen starken Einfluss auf unsere Psyche. Des Weiteren bestehe laut Jung zwischen Instinkten und Archetypen eine so enge Analogie, dass es sich bei den Archetypen vermutlich um die unbewussten Bilder der Instinkte selbst handele.

Nachdem wir inzwischen jeden Verdacht ausräumen konnten, dass Pu von seinem üblichen wissenschaftlich-rationalen Verfahren abgewichen sein könnte, wenden wir uns nun erneut seiner Vorgehensweise im Fall Ferkel zu.

Das Kapitel beginnt damit, dass Christopher Robin, Ferkel und Pu zusammen ein Picknick machen. Christopher Robin sagt: »Heute habe ich ein Heffalump gesehen, Ferkel.« Er sagt das, so erfahren wir, »beiläufig«, aber man beachte, wie Ferkel sogleich auf das Thema anspringt: »›Ich habe auch mal eins gesehen‹, sagte Ferkel. ›Jedenfalls glaube ich, dass ich eins gesehen habe‹, sagte es. ›Aber vielleicht war es gar keins.‹«

Seine konfusen und beinahe widersprüchlichen Worte drücken bewundernswert die seelische Verfassung von jemandem aus, der sich der gefürchteten Konfrontation des »Schattens« annähert. Gefürchtet, weil, wie es bei C. G. Jung heißt, die Bewusstmachung des Schattens bedeutet, die dunklen Aspekte der eigenen Persönlichkeit als gegenwärtig und real anzuerkennen. Dies mag den empörten Aufschrei auslösen, dass wir uns bei dem arglosen und liebenswerten Ferkel nun wahrhaftig keine dunkle Seite vorstellen können. Eine ganz natürliche Reaktion, doch sie übersieht die grundlegende Tatsache, die aus der Ursinologie einen legitimen Gegenstand wissenschaftlicher Analyse macht. Sie verdient, ja verlangt diese Analyse ja gerade, weil sie so enorm tiefgründig und allgemeingültig ist.

Selbstverständlich gibt es in einem Werk, das sich vorgeblich an Kinder richtet, so einiges, das man besser nicht an die Oberfläche holt. Mit feinem Taktgefühl hält Milne sich an die Konventionen des Genres, gibt jedoch dem reiferen Leser den einen oder anderen dezenten Wink. In der »Vorstellung«, das heißt Einleitung, von *Pu der Bär* heißt es ausdrücklich: »Ferkel ist eifersüchtig, weil es glaubt, dass Pu eine Große Vorstellung ganz für sich alleine hat.« Es kommt mehrmals vor, dass Ferkel merklich Angst bekommt und spürbar darunter leidet. Zugegeben, seine Leiden werden als geringfügig und sogar komisch dargestellt. Doch Ferkel leidet wirklich, und es ist Pus Aufgabe, ihm mit einer geeigneten Therapie zu helfen. Um es mit C. G. Jung auszudrücken: Ferkel muss mit seinem Schatten konfrontiert werden. Dass dies kurz bevorsteht, verrät der Gegensatz zwischen den Überschriften von Kapitel drei und fünf von *Pu der Bär*. In der ersten heißt es, dass Pu und Ferkel »beinahe ein Wuschel fangen«, in der zweiten lesen wir, dass »Ferkel ein Heffalump trifft«.

Nach Ferkels zaghafter Behauptung, dass es auch schon mal ein Heffalump gesehen habe, sagt Pu: »Ich auch«, und fragt sich, »wie ein Heffalump wohl aussehen mochte«. Das bedeutet natürlich, dass er darüber nachdenkt, welche Form Ferkels Schatten wohl annehmen wird. Seine Gedanken münden in einem festen Entschluss. Als Pu zusammen mit Ferkel nach Hause geht, verkündet er nach einiger Zeit:

»Ferkel, ich habe etwas beschlossen.«
»Was hast du beschlossen, Pu?«
»Ich habe beschlossen ein Heffalump zu fangen.«

Der Augenblick für die entscheidende Konfrontation ist gekommen. Pu weiß, dass der direkte kognitive Weg sinnlos wäre, eine Einschätzung, die zur Genüge dadurch erhärtet wird, dass Ferkel jede Äußerung Pus wörtlich auffasst. Pu ist zu dem Schluss gelangt, dass Ferkel jetzt bereit ist für die Feuerprobe, sich seinem Schatten zu stellen. Pu entwickelt also ein Psychodrama: ein bewusst inszeniertes Ereignis, das Ferkel direkt mit dieser Furcht erregenden Gestalt konfrontiert.

Ferkel gräbt eine Grube als Heffalump-Falle, und Pu stellt einen Topf mit Honig als Köder hinein. Sobald sie diesen absurden Plan, um ein Heffalump zu fangen, in die Tat umgesetzt haben, verabreden sie sich für den nächsten Morgen um sechs Uhr, um nachzusehen, wie viele Heffalumps sie gefangen haben, und gehen schlafen.

Beide schlafen schlecht. Ferkel machen albtraumhafte Visionen von seinem archetypischen Schatten zu schaffen: Albträume, die wir verstehen können, es

selbst aber nicht. Pu, der zuversichtlich ist, dass sein Plan die gewünschte therapeutische Wirkung haben wird, schläft zwar recht ruhig, wird allerdings vor Hunger wach, was uns daran erinnert, dass auch die größten Psychologen nicht gegen profane körperliche Gelüste gefeit sind.

Er steht auf und läuft zu der Heffalump-Falle, wo er den Topf mit Honig abgestellt hat. Um den letzten Rest Honig aufzulecken, steckt er den Kopf ganz tief in den Topf und bleibt stecken. Kurz darauf kommt Ferkel, hin- und hergerissen zwischen Angst und Neugier, zu der Heffalump-Falle und späht hinein. In einer derartigen Situation hätte Freud um seine Würde und Autorität gebangt. Die meisten Therapeuten wären völlig überfordert gewesen. Pu dagegen bleibt Herr der Lage. Er erkennt sofort, dass seine erkennbar peinliche Position ihm die vortreffliche Gelegenheit gibt, seinen Plan umzusetzen, Ferkel mit dem eigenen Schatten zu konfrontieren.

Deshalb hob er zum Schluss den Kopf, mit Topf und allem Drum und Dran, und stieß einen lauten Ton der Trauer und Verzweiflung aus ... Und genau in diesem Moment guckte Ferkel in die Grube. »Hilfe, Hilfe!«, schrie Ferkel. »Ein Heffalump, ein unheimliches Heffalump!« Und es hoppelte davon, so schnell es konnte, und es schrie immer noch: »Hilfe, Hilfe, ein unheffliches Heimalump! Heim, heim, ein heffunliches Hilfalump! Heff, heff, ein lumphässliches Limpfahump!« Und es hörte nicht auf zu schreien und zu hoppeln, bis es Christopher Robins Wohnung erreicht hatte.

Selbst als es bei Christopher Robin in Sicherheit ist, ringt es nach Worten, um zu erzählen, was es gesehen hat. Schließlich findet es eine treffende Bezeichnung: »Ein riesengroßes Ding ... Wie ein wahnsinnsriesengroßes Garnichts.« Diese Worte, die auf Ferkels unmittelbarer Erfahrung gründen und auch durch spätere Details nicht verfälscht werden, hatte C. G. Jung zweifellos im Sinn, als er schrieb, dass der Begriff »Archetypus« nur solche psychischen Inhalte bezeichne, die noch nicht bewusst ausgearbeitet wurden und somit eine unmittelbare Voraussetzung für psychische Erfahrungen darstellen.

Ermutigt durch Christopher Robins Gesellschaft geht Ferkel noch einmal zu der Heffalump-Falle und findet die Wahrheit heraus. Seine erste Reaktion ist schmerzlich: »Dann sah Ferkel, was für ein törichtes Ferkel es gewesen war, und es schämte sich so sehr, dass es auf dem kürzesten Wege nach Hause lief und sich mit Kopfschmerzen ins Bett legte.« Ferkels Reaktion ist unter diesen Umständen völlig normal. Sich dem eigenen Schatten zu stellen ist immer enorm schmerzvoll. Es ist außerdem enorm peinlich. Denn es zwingt einen, jene Teile seines Charakters zu erkennen, die man abstoßend und beschämend findet. Das Heffalump, das Ferkel sieht, ist ein wildes Ungeheuer, das genaue Gegenteil von unserem ängstlichen Ferkel. Ferkel muss einsehen, dass dieses wilde Wesen tief in ihm selbst verborgen ist. Eine derartige Erfahrung ist für jeden ein solcher Schock, dass man sich nur ins Bett verkriechen kann.

Auch unsere erste Reaktion mag von Unbehagen geprägt sein. Kann hier von einer erfolgreichen Therapie die Rede sein – das arme Ferkel wird zuerst zu Tode erschreckt, dann beschämt, und schließlich bekommt es Kopfschmerzen? Bei genauerer Betrachtung müssen wir zu der Überzeugung gelangen, dass ein kurzer Schock und eine vorübergehende Verlegenheit ein Preis sind, den man für dauerhafte Genesung gern zahlt. Kein Wunder, dass Pu anschließend – recht zufrieden mit sich – Christopher Robin nach Hause begleitet, um mit ihm zu frühstücken.

Dass er mit Christopher Robin weggeht, hat interessante Implikationen. Können wir jetzt noch daran zweifeln, dass wir es hier mit einem weiteren Beispiel für Pus Methode zu tun haben, für seine Therapie die

Hilfe anderer zu nutzen? Er muss vorhergesehen haben, dass das panische Ferkel in Christopher Robins Wohnung Zuflucht suchen und dann, »ermutigt durch Christopher Robins Gesellschaft«, noch einmal zu der Heffalump-Falle gehen würde. Jetzt, da Ferkel weiß, dass dieses »wahnsinnsriesengroße Garnichts« lediglich Winnie-der-Pu mit dem Kopf in einem Honigtopf war, versteht es, dass seine Ängste dümmer nicht sein könnten. Zwar hat es noch einen weiten Weg vor sich, bis es richtig tapfer werden kann, doch werden seine Ängste in Zukunft rational und somit zu bewältigen sein.

Obwohl Pu sich bei der Lösung von Ferkels Problemen überwiegend von C. G. Jung leiten lässt, wäre es ein Wunder, wenn wir keine Beispiele für seinen typischen Eklektizismus fänden. Und natürlich finden wir eins: Ferkels panische Reaktion auf das Heffalump und vor allem seine Formulierung »ein wahnsinnsriesengroßes Garnichts« bringt uns unweigerlich zur Gestalttherapie von Fritz Perls (1893–1970). Perls bezeichnet den »Engpass«, dem wir uns stellen und durch den wir hindurchmüssen, wenn wir reifen wollen, als ein Furcht erregendes Nichts und eine ebensolche Hilflosigkeit.

Doch ganz gleich, welche psychologische Theorie wir bevorzugen, wir müssen in jedem Fall einen

Wendepunkt in Ferkels Entwicklung konstatieren, einer Entwicklung, die Pus Therapie absolut rechtfertigt.

Ferkel macht weitere Fortschritte

So viel zu den Ereignissen. Wie sieht es nun mit deren Deutung aus? Für welche tief sitzende Angst bei Ferkel steht die schreckliche Vision des unheimlichen Heffalump? Wenn wir Ferkels anfängliche Ängstlichkeit Seite an Seite mit ihren Symbolen betrachten – seine Wohnung, die von konzentrischen Schutzmauern umgeben ist, oder sein Schutzsuchen in Christopher Robins Tasche, wenn es sich in die Außenwelt wagt –, liegt die Antwort auf der Hand: Ferkel leidet an einer paranoiden Angst vor der Außenwelt. Sein Unbewusstes empfindet sie als Dschungel voller Furcht erregender Ungeheuer, umso Furcht erregender, da sie undefinierbar und gestaltlos sind. Dies wiederum resultiert aus seiner großen unbewussten Angst oder der verdrängten wilden Seite, die in ihm versteckt ist.
Pu freut sich offensichtlich und mit Recht über Ferkels Fortschritte, als sie sich das nächste Mal treffen. Zu dieser Begegnung kommt es, als Pu nach Hause gelaufen kommt, um ein Geschenk für I-Ah zu holen,

den er außergewöhnlich deprimiert angetroffen hatte, weil niemand an seinen Geburtstag gedacht hat.
Vor seinem Haus sieht er Ferkel auf und ab springen, um den Türklopfer zu erreichen. Pu klopft für es und sagt:

> »Erstaunlich, wie lange Wer-auch-immer-hier-wohnt braucht um an die Tür zu gehen.« Und er klopfte noch einmal.
> »Aber Pu!«, sagte Ferkel. »Das ist doch dein Haus!«
> »Oh!«, sagte Pu. »Mein Haus«, sagte er. »Dann wollen wir doch mal eintreten.«

Nicht einmal der größte Skeptiker kann daran zweifeln, dass Pu, um Ferkels Reaktion zu testen, nur so tut, als würde er seine eigene Haustür nicht erkennen. Und Ferkel hat mittlerweile so großes Vertrauen in seine eigene Urteilskraft, dass es Pu auf seinen offensichtlichen Fehler hinweist. Pu bestätigt es (»Mein Haus«) und fordert Ferkel auf einzutreten – eine eindeutige Vorausschau auf Pus spätere Einladung, dass Ferkel auf Dauer zu ihm ziehen soll.
Er lobt Ferkels Idee, I-Ah einen Ballon zu schenken, und während er bei Eule ist, damit sie »Herzlichen Glückwunsch zum Geburtstag« auf den Honigtopf

schreibt, rennt Ferkel mit seinem Ballon zu I-Ah. Doch unterwegs bleibt es mit einem Fuß in einem Kaninchenloch stecken und fällt flach aufs Gesicht. Was dann geschieht, verdient eine genauere Analyse als Beleg für Ferkels inzwischen gestärkte Psyche.

PENG !!! ??? *** !!!
So lag Ferkel da und fragte sich, was passiert war. Erst dachte es, die ganze Welt sei in die Luft geflogen; dann dachte es, dass vielleicht nur der Teil mit dem Wald in die Luft geflogen war; und dann dachte es, dass vielleicht nur es selbst in die Luft geflogen war, und nun war es ganz allein auf dem Mond oder sonst wo und würde Christopher Robin oder Pu oder I-Ah nie wiedersehen. Und dann dachte es: Selbst auf dem Mond braucht man nicht die ganze Zeit mit dem Gesicht auf dem Boden zu liegen, weshalb es vorsichtig aufstand und sich umsah.

Wir können hier Schritt für Schritt verfolgen, welche Gedanken Ferkel nach der Explosion durch den Kopf jagen. Es ist mehr als unwahrscheinlich, dass das unbehandelte Ferkel diesen physischen Schock, gefolgt von einer Aneinanderreihung derart beängstigender Gedanken, verkraftet hätte: die apokalypti-

sche Vorstellung, das Ende der Welt zu erleben; die Vorstellung, vollkommen allein auf dem Mond oder an irgendeinem nicht einmal erkennbaren Ort zu sein; der dauerhafte Verlust seiner Freunde. Selbst die stärksten Nerven hätten in einer so trostlosen Situation versagt. Doch Ferkel verliert keineswegs die Nerven, sondern sagt sich ganz ruhig, dass es, ganz gleich, wo es sich auch befindet, nicht so unbequem auf der Erde liegen bleiben muss.
Tatsächlich profitiert Ferkel nun davon, dass es sich seinem Schatten gestellt hat. Es verfügt jetzt über einen Teil der Beherztheit, die ihm früher gefehlt hat.
Als es aufsteht und begreift, was wirklich passiert ist, stellt es enttäuscht fest, dass sein Ballon nur noch ein kleiner feuchter Fetzen ist. Traurig, aber unbeirrt, bringt es seine Mission zu Ende. Es ist zwar nach wie vor nicht gerade glücklich, als Pu mit dem nützlichen Topf kommt, doch seine Laune bessert sich, als es sieht, wie I-Ah den geplatzten Ballon wiederholt in den nützlichen Topf legt:

»Es klappt ja!«, sagte Pu. »Er passt hinein!«
»Es klappt ja!«, sagte Ferkel. »Und er geht auch wieder raus!«
»Etwa nicht?«, sagte I-Ah. »Er geht rein und raus wie sonst was.«

»Ich bin sehr froh darüber«, sagte Pu glücklich, »dass ich daran gedacht habe, dir einen nützlichen Topf zu schenken, in den man Sachen tun kann.« »Ich bin sehr froh darüber«, sagte Ferkel glücklich, »dass ich daran gedacht habe, dir etwas zu schenken, was man in einen nützlichen Topf tun kann.«

Am Ende des Kapitels stellen wir also fest, dass Ferkel nicht nur einen sehr schweren Test bestanden hat, sondern auch durch Pus Beifall und I-Ahs Glück belohnt wird. Ein Triumph für Ferkel, und natürlich auch ein Triumph für Pu als sein Therapeut. E. H. Shepards Illustration dazu fasst die Situation vortrefflich zusammen: Pu und Ferkel gehen glücklich Hand in Hand weg, während I-Ah nicht minder glücklich den Ballonfetzen in den nützlichen Topf legt und wieder herausnimmt.

*Ferkels neu entdeckter Mut
wird in der folgenden Episode
erneut auf die Probe gestellt*

Als Kaninchen den Plan schmiedet, Känga und Ruh aus dem Wald zu vertreiben, wird Ferkel die beängstigende Rolle zuteil, Ruhs Platz in Kängas Beutel ein-

zunehmen, während Kaninchen das echte Ruh entführt. Mit wunderbar rationaler Umsicht fragt Ferkel, ob es klug sei, den Zorn von einem der wilderen Tiere zu erregen, das so wild wird wie zwei der wilderen Tiere zusammen, wenn man es seines Jungen beraubt.
Kaninchen erwidert ziemlich verächtlich: »Ferkel, du hast nicht den geringsten Mumm«, worauf Ferkel – übrigens äußerst aufschlussreich für seine Seelenverfassung in dieser Phase – leise schniefend antwortet: »Es ist schwer, tapfer zu sein ... wenn man nur ein sehr kleines Tier ist.« Ferkel ist verständlicherweise beunruhigt, doch die blinde Panik, die zuvor immer mit unbändiger Macht aus seinem Unbewussten aufgestiegen war, gehört der Vergangenheit an. Im Gegenteil: Es gibt zwar zu, dass es schwer für es ist, tapfer zu sein, es drückt sich aber nicht vor dieser Aufgabe. Als Kaninchen erläutert, wie wichtig Ferkels Rolle in dem Plan ist, ist Ferkel »bei dem Gedanken daran, nützlich zu sein, so aufgeregt, dass es [vergisst] weiter Angst zu haben«.
Jean-Paul Sartre (1905–1980), vielleicht als Psychologe besser denn als Philosoph, könnte an Ferkel gedacht haben, als er konstatierte, Feigheit sei der Akt des Aufgebens oder Nachgebens und dass eine Veranlagung keine Handlung sei, dass der Feigling

sich selbst feige, der Held sich selbst heldenhaft mache.

Als Ferkel seine Entschlossenheit beweisen muss, zuckt es nicht mit der Wimper. Im richtigen Augenblick springt es in Kängas Beutel und denkt sogar daran, ganz tief drin »ein quiekendes Ruh-Geräusch« zu machen, als Känga fragt, ob es Ruh gut gehe. Als Känga sich daraufhin mit großen Sprüngen auf den Weg nach Hause macht, wird Ferkel ordentlich durchgeschüttelt. Doch es behält nach der entsetzlichen Reise die Nerven und sagt »*Aha!*«. Es ist zwar kein sehr überzeugendes »*Aha!*«, aber das können wir Ferkel nicht verdenken. Känga hat die Situation sofort erfasst und revanchiert sich für den Scherz, indem sie so tut, als würde sie Ferkel für Ruh halten.

Zu Ruhs abendlicher Routine gehört auch ein Bad. Ein normales Bad wäre für Ferkel schon Abschreckung genug, doch als Känga, um das Grauen perfekt zu machen, auch noch ein kaltes Bad vorschlägt, sagt Ferkel »mit so tapferer Stimme wie möglich: ›Känga, ich weiß, dass nun die Zeit für ein offenes Wort gekommen ist.‹« Es protestiert weiter, doch vergeblich, bis es die Chance ergreift, durch die Tür zu entwischen, die Christopher Robin offen gelassen hat. Doch kurz vor seiner Flucht hat es ein

weiteres traumatisches Erlebnis. Als Christopher Robin kommt, fleht es ihn an, Känga zu sagen, wer es wirklich ist.

»Siehst du!«, sagte Ferkel. »Ich hab's dir doch gesagt. Ich bin Ferkel.«
Christopher Robin schüttelte wieder den Kopf. »Du bist aber nicht Ferkel«, sagte er. »Ich kenne Ferkel gut, und es hat eine *ganz* andere Farbe.«

Es gib kaum etwas, das einen mehr verunsichert als die Erfahrung, dass die eigene Identität von anderen geleugnet wird und man stattdessen eine neue erhält: »Heinz Putel«. Der Schock ist für Ferkel umso größer, als es den Namen von Christopher Robin verpasst bekommt, den es bis dahin stets als verlässlichen und wohlmeinenden Beschützer betrachtet hat.

Die positive Wirkung der Pu-Therapie zeigt sich nun eindrucksvoll darin, dass Ferkel sich selbst durch diese Serie von Schocks nicht beirren lässt. Rasch stellt es »seine eigene Farbe« wieder her, indem es auf dem Weg nach Hause die letzten hundert Meter über den Boden rollt. Mit einer Großherzigkeit, zu der nur eine Persönlichkeit fähig ist, die mit sich selbst im Reinen ist, vergibt Ferkel Christopher Robin seinen Anteil an den Ärgernissen des Tages. Denn am Ende des Kapitels lesen wir: »... und jeden Dienstag verbrachte Ferkel mit seinem großen Freund Christopher Robin.«

Dennoch ist es ein wenig verwunderlich, dass Ferkels Vertrauen in Christopher Robin durch nichts zu erschüttern ist. Als Pu ihm von der Expotition zum Nordpohl erzählt, hat Ferkel Angst, sie könnten etwas Wildes mit Zähnen entdecken. »Aber wenn Christopher Robin mitkommt, macht mir nichts was aus.« Aus Pus Schweigen können wir schließen, dass er mit Ferkels seelischer Verfassung zufrieden ist.

Ferkel ist von Natur aus kein Abenteurer. Gleichwohl reagiert es auf die geplante Expotition tadellos. Es erkundigt sich besonnen nach den möglichen Risiken, kommt zu dem Schluss, dass ausreichend Schutz vorhanden ist, und macht mit. Keine Ausflüchte diesmal, nichts, was es ganz plötzlich und unbedingt an einem schönen Tag erledigen muss, wenn alle anderen eine Expotition machen.
Auch wenn Ferkel nur eine kleinere Rolle in dieser Episode spielt, macht es dennoch eine Bemerkung, die verrät, dass sein Selbstbewusstsein merklich gewachsen ist. Als Christopher Robin die anderen irgendwann warnt, sie seien an einer Stelle, die genau der Ort für einen Hinterhalt sei, flüstert Pu Ferkel zu:

> »Was für ein Wald? ... Ein Ginsterwald?«
> »Mein lieber Pu«, sagte Eule in ihrer überlegenen Art, »weißßßt du etwa nicht, wasss ein Hinterhalt issst?«
> »Eule«, sagte Ferkel und sah sich ernst nach ihr um, »Pus Geflüster war ein streng vertrauliches Geflüster und es bestand kein Grund ...«

Pu hat sich insgeheim bestimmt sehr über Ferkels Beherztheit gefreut.

*Ferkel behält die Nerven,
als es im wahrsten Sinne des Wortes
von der Außenwelt abgeschnitten ist*

Der Titel des neunten Kapitels von *Pu der Bär* verrät, dass es vor allem von Ferkel handelt: »In welchem Ferkel völlig von Wasser umgeben ist.« Als der Regen einfach nicht aufhören will, bedauert Ferkel als Erstes, dass es ganz allein ist und deshalb das aufregende Erlebnis der Überschwemmung mit keinem seiner Freunde teilen kann. Das Wasser steigt und steigt, und Ferkel sagt sich: »Es ist ein bisschen beängstigend ... ein sehr kleines Tier zu sein, das völlig von Wasser umgeben ist.«

Trotz seiner Nervosität gerät es nicht in Panik. Es überlegt in aller Ruhe, wie seine Freunde wohl mit der Situation umgehen. Es stellt sich für jeden von ihnen eine mögliche und angemessene Lösung vor, muss aber einsehen: »Ich kann *gar nichts* tun.«

Dann fällt ihm ein, dass Christopher Robin ihm einmal von einem Mann auf einer einsamen Insel erzählt hat, der eine Nachricht in eine Flasche gesteckt und die Flasche ins Meer geworfen hat. Ferkel macht es genauso, nimmt einen Zettel und schreibt auf eine Seite:

HILFE!
PFERKL (ICH)

und auf die andere:

ICH BINS PFERKL, HILFE HILFE!

Ferkel stellt sich der Situation mit bewundernswerter Gelassenheit und Sachlichkeit. Es hat alles getan, was es konnte, um sich zu retten:

> Also, jetzt, dachte es, muss ein anderer etwas unternehmen, und ich hoffe, er tut es schnell, denn wenn er das nicht tut, muss ich schwimmen, und das kann ich nicht, und deshalb hoffe ich, er tut es bald. Und dann seufzte es sehr lange und sagte: »Wenn doch Pu nur hier wäre. Zu zweit ist es viel angenehmer.«

Erneut keine Spur von Panik. Bezeichnenderweise ist es Pu, dessen Gesellschaft Ferkel am meisten herbeisehnt. Und wir alle wissen, dass Pu nicht nur bei der psychologischen, sondern auch bei der physischen Rettung von Ferkel die Hauptrolle spielt. Dass zu Pus Ehren eine Party stattfindet, weil er Ferkel vor der Überschwemmung gerettet hat, und nicht, weil er all seinen Freunden eine psychologische Hilfe war, ist eigentlich nicht verwunderlich, denn Letzteres geschieht ja meist unbemerkt.

Ferkel als Pus aktiver Assistent

Ferkels zunehmende Reife und folglich auch die Entwicklung seiner Freundschaft mit Pu werden gleich zu Beginn von *Pu baut ein Haus* thematisiert. Schon im ersten Satz erfahren wir, dass Pu Bär zu Ferkels Haus geht, um zu sehen, was Ferkel tut. Da er Ferkel nicht antrifft, geht er zurück zu sich nach Hause, wo »er plötzlich Ferkel auf seinem besten Sessel sitzen« sieht. Pu freut sich, dass Ferkel es sich gemütlich gemacht hat, und lädt es zu einer kleinen Erfrischung ein.

Offenbar möchte Pu allerdings nicht, dass Ferkel es sich allzu bequem macht, denn er sagt ihm gleich klipp und klar, dass sie danach trotz des heftigen Schneefalls vor die Tür gehen werden, um I-Ah das neue Lied vorzusingen, das Pu komponiert hat. Eine halbe Stunde später stapfen sie durch den sanft fallenden Schnee, und Ferkel trägt »einen weißen Schal um den Hals und fühlte sich hinter den Ohren verschneiter als jemals zuvor«. Es gefällt ihm ganz und gar nicht, aber psychisch gestärkt, wie es ist, will es nicht, dass Pu »einen falschen Eindruck« von ihm bekommt. Daher macht es den Vorschlag, dass sie beide nach Hause gehen und das Lied einüben und es I-Ah irgendwann später vorsingen.

Seine nach wie vor etwas schwankende Entschlusskraft wird durch Pus körperliche Präsenz und sein Vorbild bestärkt. Wir haben es hier wieder einmal mit Lernen durch Nachahmung zu tun. In diesem Fall lernt Ferkel, unermüdlich durch den Schnee zu stapfen, indem es einfach das tut, was Pu tut. »Lernen am Modell« ist ein Begriff, der vor allem mit Albert Banduras »Verhaltensveränderung« verknüpft ist.

Ferkel folgt Pu, indem es Pus spezielles Lied mitsingt, das man im Freien und im Schnee singen muss. Doch es beweist unabhängiges Urteilsvermögen, als es über den thematischen Schwerpunkt des Liedes, nämlich einen schmerzenden Zeh, feierlich sagt: »Pu ... es ist weniger der *Zeh* als das *Ohr*.«

Als sie sich durch sechsmaliges Singen von Pus Lied aufgewärmt haben, spricht Pu bewegend über die Obdachlosigkeit des armen I-Ah und sagt: »Komm,

wir bauen ihm ein Haus.« Ferkel ist gleich Feuer und Flamme und erwidert: »Eine großartige Idee.« Die Geschichte von I-Ahs Haus gehört in das nachfolgende Kapitel über I-Ah. Begnügen wir uns hier mit der Feststellung, dass Ferkel *aktive* Wohltätigkeit an den Tag legt, eine Wohltätigkeit, die es in Kooperation mit Pu in die Tat umsetzt. Ein kleines Anzeichen dafür, dass Ferkel sich wohler in seiner Haut fühlt, ist darin zu sehen, dass es sich selbst bescheiden für die »Tideli-poms« beglückwünscht, die es zu Pus Lied beisteuert: »›Ich weiß zwar, dass es sich ganz leicht *anhört*‹, sagte Ferkel bei sich, ›aber *jeder* könnte es nicht.‹«

Ferkel lernt, sein Unbehagen gegenüber Tieger zu beherrschen

Als Ferkel Tieger kennen lernt, bietet es seinem ungestümen Gast zwar großzügig einen Teller Heicheln an, stiehlt sich aber vorsichtshalber auf die andere Seite des Tisches. Klugerweise rückt es außerdem »ganz nah an Pu heran« und fühlt sich gleich »viel tapferer«. Intuitiv empfindet es Pu als Kraftquelle. Erneut fällt uns auf, dass Ferkel trotz einiger Bedenken die Ruhe bewahrt. Ja, sein Auftreten zeugt sogar von einer gewissen Souveränität. Als es erfährt, dass Tieger keine Heicheln, sondern am liebsten Disteln mögen, sagt es: »Dann gehen wir doch einfach mal I-Ah besuchen.« I-Ah fragt, fast unmittelbar nachdem ihm Tieger vorgestellt wurde: »Und wann reist er wieder ab?«, woraufhin Ferkel die drohende Peinlichkeit der Situation entschärft, indem es Tieger erklärt, »er dürfe das, was I-Ah sage, nicht allzu ernst nehmen, denn I-Ah sei immer so düster gestimmt«.

Ferkels Kritikfähigkeit reift mit seinem wachsenden Selbstvertrauen. Tiegers Ablehnung von Honig, Heicheln und Disteln inspiriert Pu zu einem neuen Gedicht, das wie folgt beginnt:

»Was machen wir nur mit dem Tieger-Vieh?
Wenn es nie etwas isst, dann wächst es auch nie ...«

»Eigentlich ist er sowieso groß genug«, sagte Ferkel.
»Aber *so* groß ist er gar nicht.«
»Er *kommt* einem aber so vor.«

Inzwischen traut sich Ferkel, eine andere Meinung als Pu zu vertreten, und es nimmt auch eine spitzfindige Unterscheidung zwischen Schein und Wirklichkeit vor. Da überrascht es nicht, dass Ferkels Einwand Pu nachdenklich stimmt. Sicherlich freut ihn dieser weitere Beleg dafür, dass seine unaufdringliche Therapie Früchte trägt. Es ist ein beispielloses Kompliment für Ferkel, dass Pu dessen Kritik in ein zusätzliches Verspaar einbaut:

»Doch egal, was er wiegt in Pfund, Schilling und Gramm:
Er wirkt größer, denn er macht ständig Tamtam.«

Ferkel stellt erneut kritische Unabhängigkeit unter Beweis, als es sagt, dass ihm an dem Gedicht alles gefällt, bis auf die Schillinge:

»Ich finde, sie haben da nichts zu suchen.«
»Sie wollten nach den Pfunden mit rein«, erklärte Pu, »und da habe ich sie gelassen. Das ist die beste

Art, Gedichte zu schreiben, indem man die Sachen
einfach kommen lässt.«
»Ach, das wusste ich nicht«, sagte Ferkel.

Kein Wunder, dass Ferkel das nicht wusste, aber wir
können davon ausgehen, dass Pu sich an surrealistischer Lyrik versuchen wollte, die von ihren Theoretikern mit dem Unbewussten verknüpft wurde und daher nicht zueinander passende Dinge nebeneinander
stellt.

Ferkels Triumph

Nachdem wir an einigen Beispielen gesehen haben,
dass Pus Therapie bei Ferkel erfolgreich war, kommen wir nun zur Apotheose des sehr kleinen Tieres.
Ferkels Freude ob der Erinnerung an Christopher
Robins blaue Hosenträger versichert uns, dass innere
Gelassenheit ihm nicht seine feinsinnige Wahrnehmung geraubt hat; ebenso wenig wie sein Mitgefühl
und seine Großherzigkeit, wie wir sehen, als es I-Ah
einen Strauß Veilchen schenkt. Als Tieger gestüm gemacht werden soll und alle sich im Nebel verirren,
zeigt Ferkel Pu gegenüber lediglich ein ganz normales
Maß an Vertrauen. Im Kontext der vorliegenden Untersuchung können wir darin, dass Pu Ferkel durch

den Nebel zu dem ihm gebührenden Platz führt, nur das Symbol seines therapeutischen Erfolges sehen.

Wir kommen nun zu den beiden Höhepunkten in Ferkels Leben. Der erste ist der, als Ferkel und Pu Eule besuchen und mit ihr zusammen in Eules Baumhaus gefangen sind, das vom Sturm umgeweht worden ist. Sie überlegen, wie sie sich befreien können. Ferkel beweist Realitätssinn und seine neu gefundene Unabhängigkeit, als es Pus ersten Vorschlag, Eule solle mit Ferkel auf dem Rücken zum Briefkasten hochfliegen, vehement ablehnt. Doch es stürzt nicht in Verzweiflung, wie es ihm früher leicht passiert ist. Als Eule sagt, dass der Plan nicht in Frage kommt, erwidert Ferkel: »›Dann sollten wir über anderes nachdenken‹, womit es sofort begann.«

Wie nicht anders zu erwarten, findet der enorme Verstand von Pu eine praktische Lösung, die, wie sich wohl die meisten erinnern werden, folgendermaßen aussieht: An Ferkel wird ein Stück Schnur festgebunden, Eule fliegt mit dem anderen Ende der Schnur im Schnabel zum Briefkasten hinauf, fädelt die Schnur durch den Draht des Briefkastens und fliegt damit wieder zum Fußboden zurück. Dann ziehen Pu und Eule Ferkel an der Schnur zum Briefkasten hoch, Ferkel quetscht sich durch den Briefschlitz und holt Hilfe.

Ferkel nimmt den Auftrag mutig an. Dank seiner psychologischen Ausbildung sieht Pu, dass Ferkel verständlicherweise Angst hat, die Schnur könnte reißen. Er beruhigt es, indem er es daran erinnert, dass ein sehr kleines Tier die Schnur  nicht zerreißen werde. Außerdem verspricht er, dass er unter ihm stehen werde. Er macht Ferkel psychologisch Mut, indem er ihm prophezeit, dass es Ruhm ernten wird, und verspricht, ein »Respektvolles Pu-Lied« darüber zu komponieren. Wie wir alle wissen, erweist sich die Kombination aus Pus Intellekt und Ferkels Mut als unwiderstehlich. Alle werden gerettet, und Pu feiert Ferkels Triumph in einem Gesumm von nie da gewesener Länge und metrischer Komplexität.

Ferkel freut sich natürlich, aber mit möglicherweise übertriebener Ehrlichkeit gesteht es, dass es, entgegen der Behauptung im Gesumm, doch ein bisschen gezagt habe: »Nur ganz zu Anfang.«

Pu gibt die unsterbliche Antwort:

»Du hast nur innerlich gezagt ... und für ein sehr kleines Tier ist das die tapferste Art nicht zu zagen, die es gibt.«
Ferkel seufzte vor Glück und begann über sich nachzudenken. Es war TAPFER ...

Dieser kurze Satz sagt uns, dass Pus Behandlung den größten therapeutischen Triumph erzielt hat: Sie hat Ferkel geholfen, seinen Mangel an Selbstwertgefühl zu überwinden, der seiner früheren Ängstlichkeit und Abhängigkeit zugrunde lag.
Ein neu entstandenes Problem ist jedoch noch immer ungelöst. Eule und seine Freunde sind zwar unversehrt gerettet worden, doch Eules Haus ist ein Trümmerhaufen. Kaninchen setzt sein Organisationstalent ein und gibt bekannt:

ICH SEHE MICH NACH EINEM NEUEN HAUS FÜR EULE UM DAS SOLLTEST DU AUCH KANINCHEN

Überraschend ist, dass die erste Reaktion auf diesen Aufruf von I-Ah erfolgt, was uns erneut bestätigt, welch gewaltige Fortschritte er hinsichtlich sozialer Aufmerksamkeit und aktiver Güte gemacht hat. Doch als er das Haus zeigt, das er für Eule gefunden hat, stellt sich heraus, dass es in Wahrheit Ferkels

Haus ist. Da I-Ah die meiste Zeit allein in seinem feuchten Teil des Waldes lebt, ist es kein Wunder, dass er Ferkels Haus nicht erkennt, zumal es sich wie Eules altes Haus in einem Baum befindet.

In seiner Arglosigkeit hat I-Ah eine peinliche Situation heraufbeschworen. Niemand möchte ihn frustrieren, nachdem er die ersten unbeholfenen Schritte in aktiver Gutwilligkeit getan hat. Es möchte aber auch niemand Ferkel obdachlos machen. Ferkel selbst muss die erste Frage beantworten: »Genau das richtige Haus für Eule. Findest du nicht auch, kleines Ferkel?«

Inspiriert durch Pus Gesumm, tut Ferkel dann »Etwas Ganz Edles«:

»Ja, es ist genau das richtige Haus für Eule«, sagte es großartig. »Und ich hoffe, sie wird darin sehr glücklich sein.« Und dann schluckte es zweimal, denn es war selbst darin sehr glücklich gewesen.

Trotz Ferkels nobler Geste stellt sich Beklommenheit ein. Selbst I-Ah spürt, dass etwas nicht stimmt, und wendet sich fragend an Christopher Robin, der sich im Laufe der Pu-Saga zunehmend als Vermittler bewährt hat. Jetzt spricht er taktvolle Worte:

»Nun«, sagte er schließlich, »es ist ein sehr hübsches Haus, und wenn einem das eigene Haus umgeweht wird, muss man ja irgendwohin ziehen, stimmt's, Ferkel? Was würdest *du* tun, wenn dein Haus umgeweht worden wäre?«

Bevor Ferkel nachdenken konnte, antwortete Pu an seiner Stelle. »Ferkel würde zu mir ziehen«, sagte Pu, »oder nicht, Ferkel?«

Ferkel quetschte Pu die Pfote.

»Danke, Pu«, sagte es. »Sogar sehr gern.«

Und so endet Ferkels Reise aus Christopher Robins Tasche in das Haus von Winnie-dem-Pu.

FALL 3

Pu, ein Eklektiker par excellence, im Umgang mit Tieger

Tieger ist die facettenreichste Figur, mit der Pu es zu tun hat, und er stellt eine besondere psychologische Herausforderung für ihn dar. Seine naturbedingte Überschwänglichkeit ist Kaninchen am Anfang zu viel, und es schmiedet einen Plan, um Tieger sein »Ungestüm« auszutreiben. Doch der Plan scheitert, wie wir in Fall 4 sehen werden.
Ferkel und I-Ah haben mit Tieger die gleichen Schwierigkeiten wie Kaninchen. Känga dagegen freut sich auf Anhieb, dass er da ist, erkennt sein Bedürfnis nach Zuneigung und sorgt dafür, dass er sich ganz wie zu Hause fühlt. Die größte Überraschung ist, dass sie ihm ihr geliebtes Ruh anvertraut.

Pu hört ein seltsames Geräusch in der Nacht

Zu Anfang müssen wir natürlich genau analysieren, wie Tieger das erste Mal auf der Bildfläche erscheint.

Bezeichnenderweise taucht er bei Winnie-dem-Pu auf. Pu wird mitten in der Nacht von einem seltsamen Geräusch wach. Er vergewissert sich, dass das Geräusch nicht daher rührt, dass jemand versucht, seinen Honigschrank zu öffnen, und auch nicht Ferkel, Christopher Robin oder I-Ah die Urheber sind. Er geht wieder ins Bett, aber der Lärm geht weiter:

> »*Worraworraworraworraworra*«, sagte Was-es-auch-war, und Pu fand, dass er überhaupt nicht schlief.
> Was kann das sein?, dachte er.

Im Geiste geht er die typischen Waldgeräusche durch – Knurren, Schnurren, Bellen – und auch »das Geräusch-das-man-macht-bevor-man-anfängt-zu-dichten«. Er ist sicher, dass es keins von denen ist, und kommt zu folgendem Schluss: »... aber irgendein Geräusch ist es, und es wird von einem fremdartigen Tier gemacht. Also werde ich aufstehen und es bitten, es nicht zu machen.«
Bereits in dieser frühen Phase fällt uns so manches auf. Als Erstes beobachten wir, wie wissenschaftlich und systematisch Pu die Beweise überdenkt und zu einem logischen Schluss gelangt. Als Nächstes stellen wir fest, dass seine Schlussfolgerung nicht rein intel-

lektueller Natur ist, sondern derart, dass sie ihn zu einer Handlung motiviert. Somit kombiniert er die abstrakte Methode der Mutter der Psychologie, der Philosophie, mit der praktischen Vorgehensweise der Psychologie selbst.

Unübersehbar ist auch, dass Pus eigene Psyche gesünder nicht sein könnte. Viele von uns würden, wenn sie mitten in der Nacht durch ein seltsames Geräusch geweckt würden, eine gewisse Nervosität empfinden. Die Schwächeren unter uns würden sich vielleicht einzureden versuchen, es handele sich doch um ein normales Waldgeräusch. Die Beherzteren würden dem Geräusch auf den Grund gehen, aber entweder ängstlich oder mit einer gewissen aufgesetzten Aggressivität. Pu, dem derlei Schwächen fremd sind, legt kühle Neugier an den Tag.

> Er stieg aus dem Bett und öffnete die Haustür.
> »Hallo!«, sagte Pu für den Fall, dass dort draußen etwas war.
> »Hallo!«, sagte Was-es-auch-war.
> »Oh!«, sagte Pu. »Hallo!«
> »Hallo!«
> »Ach, da bist du!«, sagte Pu. »Hallo!«
> »Hallo!«, sagte das fremdartige Tier, das sich fragte, wie lange dies wohl noch so weitergehen würde.
> Pu wollte gerade zum vierten Mal »Hallo!« sagen, als er dachte, dass er das eigentlich doch nicht wollte, und deshalb sagte er stattdessen: »Wer ist da?«

Selten findet sich in den Milne'schen Texten ein so deutlicher Hinweis auf eine bestimmte psychologische Theorie. Drei »Hallos« und beinahe ein viertes von Pu und ebenfalls drei von dem unbekannten Besucher. Wir könnten die Häufung für einen etwas sperrigen Stil halten, wenn nicht auf der Hand läge, dass wir es hier mit einem Verweis auf Eric Bernes 1972 erschienenes Buch *What Do You Say After You Say Hello? (Was sagen Sie, nachdem Sie »Guten Tag« gesagt haben?)* zu tun haben.

Nachdem im eben angeführten Beispiel beide Seiten mehrmals »Hallo« gesagt haben, sagt Pu: »Wer ist da?« Tieger stellt sich vor, und Pu lädt ihn ein, bei ihm zu übernachten und am nächsten Morgen mit ihm zu frühstücken.

Wieder einmal nötigt Pu uns mit seiner gelassenen Furchtlosigkeit angesichts eines völlig fremdartigen Tieres Respekt ab. Sollten wir so töricht sein, Pus Urteilskraft in Frage zu stellen, könnten wir bezweifeln, dass es klug von ihm war, dieses fremdartige, unbekannte Wesen in sein Haus einzuladen. Immerhin, so möchte man denken, kann jegliche Ablehnung von Xenophobie leicht zu unvorsichtigem Vertrauen in Unbekannte führen. Wie nicht anders zu erwarten, erweist sich Pus Entscheidung als völlig richtig. Ein weiteres Mal wird uns hier klar, wie falsch es ist, die Weisheit von Pu auch nur anzuzweifeln.

Tieger streicheln

Es gibt noch weitere Bezüge zu Eric Berne. Berne ist der Begründer der Transaktionsanalyse (TA). Eine Transaktion in Bernes Sinne erfolgt immer, wenn sich zwei Personen begegnen und die eine die Anwesenheit der anderen anerkennt, ob nun sprachlich oder in irgendeiner anderen Form. Berne bezeichnet dies als einen Transaktionsstimulus, auf den eine Transaktionsreaktion folgt.

Nach Bernes Überzeugung haben wir alle einen »Stimulus-Hunger«, wie er es nennt. Wenn uns der Stimulus versagt wird, nimmt unsere psychische Gesundheit ernsthaften Schaden. Kleinkinder brauchen zur Stimulus-Befriedigung körperliche Zuwendung, vor allem von den Eltern. Als Erwachsene beschränkt sich der Körperkontakt auf intime Beziehungen. Im Umgang mit anderen wird dieses Bedürfnis in der Regel durch symbolische »Streicheleinheiten« befriedigt. In diesem erweiterten Sinn zählt zu den »Streicheleinheiten« oder Zuwendungen die Anerkennung der Existenz des anderen. Ein Austausch solcher Streicheleinheiten, die in Bernes Terminologie »strokes« heißen, ist eine »Transaktion«.

In unserem Text wird nicht explizit erläutert, warum Tieger zu Pus Haus kommt und mitten in der Nacht draußen vor der Tür ein seltsames Geräusch macht. Aber sein offensichtlichstes Motiv ist, dass er Gesellschaft sucht. Anders ausgedrückt: Er leidet, wie es bei Berne heißt, an »Anerkennungshunger«. Manche Leserinnen und Leser mögen sich fragen, wieso er ausgerechnet zu Pu geht. Reiner Zufall kann das nicht sein, das sagt uns unsere Intuition. Doch darauf allein wollen wir uns nicht verlassen. Wie immer hält Milne für den aufmerksamen Leser einen Hinweis parat.

»Ich bin Tieger«, sagte Tieger.
»Ach!«, sagte Pu, denn so ein Tier hatte er noch nie gesehen. »Weiß Christopher Robin, dass du da bist?«
»Natürlich«, sagte Tieger.

Wie immer müssen wir auf den genauen Wortlaut achten: »Weiß Christopher Robin, dass du da bist?« Pu geht also ganz selbstverständlich davon aus, dass Tieger Christopher Robin kennt, was im Umkehrschluss bedeutet, dass Christopher Robin Tieger kennt, also nicht nur weiß, dass Tieger da ist, sondern auch Tiegers Charakterzüge, seine Persönlichkeit und vor allem seine psychischen Bedürfnisse kennt.
Jetzt ist alles klar. Wir verstehen, warum Tieger zu Pu gegangen ist. Christopher Robin hat – mit größerem Scharfsinn, als wir ihm manchmal zutrauen – gesehen, dass Tieger die Hilfe des im Wald wohnenden Meisterpsychologen braucht, und ihn zu Winnie-dem-Pu geschickt. Natürlich gehen Klienten nicht einfach so ohne Termin zu einem Psychologen, schon gar nicht mitten in der Nacht. Sie kündigen sich auch nicht durch ein lautes »*Worraworraworraworraworra*« an. Doch dieses unorthodoxe Verhalten ist insofern beeindruckend, als es Tiegers

dringende Bedürftigkeit zum Ausdruck bringt und uns obendrein seine Unkenntnis dessen vermittelt, was Eule in einem anderen Kontext »die übliche Verfahrensssweise« genannt hat. Auf Letzteres kommen wir später noch einmal zurück, wenn wir uns damit beschäftigen, wie Pu Tieger gutes Benehmen beibringt.

Unterdessen zeigt sich Pu mit seiner gewohnten Mischung aus professioneller Kompetenz, persönlicher Umgänglichkeit und gelassener Vernunft der Lage gewachsen. Seine Kompetenz befähigt ihn, die Situation zu durchschauen. Wie wir uns erinnern, ist Pu in der erklärten Absicht an die Tür gegangen, Was-es-auch-ist zu bitten, mit dem Lärm aufzuhören. Warum tut er nichts dergleichen? Natürlich weil er mit einem Blick sieht, dass hier seine Hilfe gefordert ist und der kleinste Tadel völlig fehl am Platze wäre. Und so lässt er seinem Gast die angemessene Form von »Streicheleinheiten« zukommen.

Pus Reaktion ist ein anschauliches Beispiel für seinen umsichtigen Eklektizismus. Lacan hätte sofort eine Diagnose gestellt. Berne hätte das Bedürfnis nach Streicheleinheiten konstatiert. Pu kombiniert die Lacan'sche Schnelligkeit mit dem Berne'schen Blick für die Bedürfnisse. Und wem der unvoreingenommene Ansatz von Carl Rogers ein Begriff ist, der erkennt noch eine andere Methode. Da Rogers 1902 zur Welt kam, ist durchaus denkbar, dass er direkt von Pus Weisheit beeinflusst wurde. Wie dem auch sei, Rogers' »klientenzentrierte Therapie« ist auf jeden Fall ganz typisch für Winnie-den-Pu.

Seine natürliche Freundlichkeit unterstützt seine professionelle Therapiemethode, als er Tiger einlädt, bei ihm zu übernachten und am nächsten Morgen mit ihm zu frühstücken. Und er sagt zu Tiger: »... es ist mitten in der Nacht und das ist eine gute Zeit zum Schlafengehen.« Das klingt wie eine abgedroschene Bemerkung, aber wie die meisten Leserinnen und Leser sich nun denken können, steckt mehr dahinter. Sie ruft Tiger in Erinnerung, dass er Teil der realen Welt ist, die weitaus mehr umfasst als seine psychischen Probleme. Dieser Anflug kognitiver Therapie hallt auch noch in Pus Worten nach, dass mitten in der Nacht ein guter Zeitpunkt zum Schlafengehen sei. Nicht nur, dass der hyperaktive Tiger dringend Schlaf benötigt, sondern Schlaf ist auch einer von den natürlichen Rhythmen, zu denen er nach seiner offenbar schlaflosen Nacht zurückkehren sollte.

Pu ist zwar großzügig und gütig, aber er hat keinerlei selbstquälerische Neigungen. Denn sobald er erfahren hat, dass Tiger alles mögen, zieht er den

Schluss, dass Tieger in diesem Fall auch Fußböden mögen und gern darauf schlafen, während er selbst wieder ins Bett geht. Mit seiner abschließenden Bemerkung: »... und morgen früh machen wir dann Sachen«, verschiebt er eindeutig die nächste Therapiesitzung auf einen günstigeren Zeitpunkt.

Pu und Lacan

Pu urteilt schnell, dass Tieger (a) harmlos ist und (b) eine Therapie braucht. Beide Urteile erweisen sich allerdings – kein Wunder – als richtig. Es kommt nicht von ungefähr, dass die erste Begegnung von Pu und Tieger auf der Seite gegenüber von Shepards Illustration erzählt wird, auf der Tieger sich in Pus Spiegel betrachtet. Selbstverständlich haben wir es hier wieder mit einer Anspielung auf Jacques Lacan

(1901–1981) zu tun. Lacan war bekannt für seine unmittelbaren Diagnosen und seine These, dass Kinder sich mit Hilfe des Spiegelbildes erstmals als Einzelwesen begreifen. Tiegers Reaktion ist ungewöhnlich: Statt sich als Einzelwesen zu erkennen, kommt ihm der Gedanke, dass er nicht der Einzige ist. Indem Pu die Bedingungen liefert, die Tieger braucht, um zu lernen, was ein Spiegel ist, hilft er ihm bei der Anpassung an die Realität und nimmt Lacan nicht nur vorweg, sondern geht sogar über ihn hinaus.

Bevor wir uns weiter mit Tiegers Entwicklung befassen, wollen wir uns kurz eine andere Illustration von Shepard anschauen: die, auf der Pu vor seinem Spiegel steht und sich die Haare bürstet. Da wir gerade von Lacan reden, könnte es sich dabei sehr wohl um eine Anspielung auf Lacans Gewohnheit handeln, sich in einem Kosmetiksalon zurechtmachen zu lassen, bevor er seine berühmten Seminare abhielt.

Kehren wir nun zu Tieger und dem Spiegel zurück. Pu setzt also zu einer Erklärung an, was ein Spiegel ist, wird aber durch Tiegers Kampf mit dem Tisch-

tuch unterbrochen. Tieger ist beruhigend fröhlich, als er den Kopf wieder aus dem Tischtuch hervorstreckt und »Habe ich gesiegt?« fragt. Dennoch legt seine Vermutung, das Tischtuch habe versucht, ihn zu beißen, als er nicht hingeguckt habe, eine gewisse Paranoia nahe.

Wieder wendet Pu die kognitive Therapie an, und zwar nicht nur, indem er Tieger sagt, was ein Tischtuch ist, sondern auch, indem er es wieder auf den Tisch legt und zum Frühstück einen großen Honigtopf darauf stellt.

Schon in dieser frühen Phase erleben wir, wie Pu Tieger mit einer wahrhaft eklektischen Therapiemischung behandelt: à la Lacan durch seine unvermittelte Diagnose und weil er Tieger vielleicht bewusst dem eigenen Spiegelbild aussetzt; Transaktionstherapie durch seine »Streicheleinheiten«; kognitive Therapie, weil er Tiegers kognitive Fehler korrigiert, indem er ihm wiederholt die Fakten in Erinnerung ruft. Im Laufe des Morgens geht die Behandlung weiter.

In kognitiver Hinsicht wird Tiegers absurde Behauptung, dass Tieger alles mögen, durch eine Reihe von Konfrontationen mit der harten Realität korrigiert, wodurch Tieger lernt, dass Tieger weder Honig noch Heicheln noch Disteln mögen. Als Tieger feststellt, dass Tieger aber Malzextrakt mögen, steht seine Freude darüber in Einklang mit Festingers Theorie der kognitiven Konsistenz sowie mit der Theorie der kognitiven Balance bei Heider. Diesen Theorien zufolge fühlen wir uns unwohl, wenn unsere Überzeugungen miteinander oder mit wahrgenommenen Fakten unvereinbar sind.

Könnte eine Erzählung, die angeblich dazu gedacht ist, Kindern Freude zu bereiten, anschaulichere Beispiele für diese Theorien liefern als die Essensexperimente, die Pu mit Tieger macht?

Pus Eklektizismus kommt besonders deutlich darin zum Ausdruck, wie er Tieger behandelt. Er muss eine komplexe therapeutische Methode anwenden, eben weil er sieht, dass Tiegers Fall besonders komplex ist. Es sollte uns daher nicht überraschen, dass Pu noch weitere psychologische Theorien heranzieht, während er einige fortführt, die wir bereits kennen gelernt haben.

Känga und Tieger

Nachdem Tieger herausgefunden hat, dass er keine Disteln mag, sagt Pu: »Komm, wir gehen hier weg und besuchen Känga. Sie hat bestimmt jede Menge Frühstück für dich.«

Tieger saust, impulsiv wie er nun mal ist, gleich los, und Pu und Ferkel gehen ihm langsam und schweigsam hinterher. Pu sagt nichts, weil ihm gerade ein Gedicht einfällt, das wir größtenteils schon kennen und jetzt näher untersuchen wollen:

»Was machen wir nur mit dem Tieger-Vieh?
Wenn es nie etwas isst, dann wächst es auch nie.
Disteln, Honig und Heicheln, die mag er nicht,
Teils, weil es nicht schmeckt, und teils, weil es sticht.
Und alles, was einem Tier gut schmeckt,
Hat den falschen Schluck- oder Stacheleffekt.«

Was Ferkel in den Zeilen vor allem auffällt, ist die Warnung »Wenn es nie etwas isst, dann wächst es auch nie«.

»Eigentlich ist er sowieso groß genug«, sagte Ferkel.
»Aber so groß ist er gar nicht.«
»Er kommt einem aber so vor.«
Das stimmte Pu nachdenklich, und dann murmelte er vor sich hin:
»Doch egal, was er wiegt in Pfund, Schilling und Gramm:
Er wirkt größer, denn er macht ständig Tamtam.«

Betrachten wir einmal die Verbindung zwischen Pus Nachdenklichkeit, den letzten Zeilen seines Gedichts und Tieger. Wir können darin einen Verweis auf den Gegensatz zwischen objektiver, messbarer Tatsache und subjektivem Eindruck entdecken.
Natürlich resultieren die subjektiven Eindrücke zum Teil aus dem Unterschied zwischen Ferkel – einem sehr kleinen Tier – und Pu – einem vergleichsweise großen. Wichtiger ist vielleicht, dass Pu Tieger kennen lernt, als Tieger anscheinend still dasitzt. Ferkel dagegen lernt ihn in Bewegung kennen. Pu hatte Tieger gebeten, nicht gleich zu ungestüm zu sein, wenn

er Ferkel begegnet, und Tieger hatte erwidert, »Tieger seien nur vor dem Frühstück ungestüm und würden, sobald sie ein paar Heicheln genossen hätten, leise und geziert«. Doch da Tieger Ferkel zwangsläufig vor dem Frühstück kennen lernt, hat dieser den leisen und gezierten Zustand natürlich noch nicht erreicht. Ferkels Reaktionen scheinen diese Deutung zu bestätigen. Es sagt, als es sich auf die andere Seite des Tisches stiehlt: »Ich dachte, Tieger wären kleiner.«

Alles zusammengenommen, haben wir meiner Ansicht nach ein klassisches Beispiel für den so genannten Primacy-Effekt des namhaften amerikanischen Psychologen Solomon Asch. Asch vertrat die These, dass die Informationen, die wir zu einem früheren Zeitpunkt erhalten, unsere Beurteilung von Personen und Sachverhalten stärker beeinflussen als die späteren. Ferkels übertriebener Eindruck von Tiegers Größe ist somit zumindest teilweise auf die erste Wahrnehmung zurückzuführen, die er von dem ungestümen Besucher hatte.

Auf dem Weg zu Kängas Haus treffen sie Christopher Robin und umarmen ihn. Obwohl Pu und Christopher Robin ein herzliches und freundschaftliches Verhältnis zueinander haben, ist hier zum einzigen Mal erwähnt, dass Pu ihn umarmt. Warum *jetzt*?

Natürlich weil Pu seinen häufig etwas begriffsstutzigen Freund für seine Klugheit belohnt, Tieger zu Pu zu schicken.

Känga gibt Tieger Streicheleinheiten

Als Pu mit Tieger zu Känga kommt, werden wir beinahe überwältigt von einer Flut psychologisch relevanter Informationen. Auf der Ebene der Transaktionsanalyse sehen wir, wie Känga eine äußerst wirkungsvolle Methode anwendet, »Streicheleinheiten« zu verteilen. Zwar ist jede Anerkennung der Existenz eines anderen streng genommen bereits eine »Streicheleinheit«, aber wir ziehen selbstverständlich eine aktive Form der Anerkennung vor. Und daran spart Känga nicht. Sobald sie weiß, dass Tieger frühstücken will, sagt Känga sehr freundlich: »Dann sieh doch mal in meinem Schrank nach, lieber Tieger, und such dir aus, was du magst.«
Sie versorgt ihn also nicht nur mit der notwendigen materiellen Nahrung, sondern sie spricht auch »sehr freundlich« mit ihm und sagt »lieber« zu ihm. Der auktoriale Kommentar betont dann, dass es sich dabei um mehr als bloße Höflichkeit und gar Großzügigkeit handelt. Känga verhält sich so, weil sie Tiegers emotionale und körperliche Bedürfnisse

intuitiv erkennt: »... sie wusste sofort, dass Tieger, auch wenn er größer wirkte, so viel Freundlichkeit wie Ruh brauchte.«

Interessant ist auch, dass Känga es Tieger überlässt, sich eigenmächtig etwas aus ihrem Küchenschrank auszusuchen. Das steht im krassen Gegensatz zu ihrer strengen Kontrolle von Ruhs Ernährung. Hier handelt es sich, wenn auch in einer dem Kontext angepassten Terminologie, um eine Anspielung auf ein weiteres bedeutendes Element in der Transaktionsanalyse, nämlich die Ich-Zustände, in die Eric Bernes die Persönlichkeit des Menschen unterteilt.

Demzufolge haben wir alle eine begrenzte Anzahl von Ich-Zuständen: Zunächst diejenigen Zustände, die dem Muster der Eltern folgen; dann diejenigen, die unabhängig sind und sich adäquat mit der Realität auseinander setzen, und drittens die Zustände, die in der frühen Kindheit wurzeln, aber noch immer wirkmächtig sind. Die Fachtermini lauten: exteropsychische, neopsychische und archäopsychische Ich-Zustände. Doch Dr. Berne selbst erlaubt die Verwendung ihrer umgangssprachlichen Pendants – Eltern-Ich, Erwachsenen-Ich, Kind-Ich – in allen Situationen, außer in Fachdiskussionen. Ich hoffe, meine Leserinnen und Leser nehmen diese Erlaubnis dankend an.

Wir erleben also, wie Känga Tieger erlaubt, sich etwas zu essen aus ihrem Schrank auszusuchen, während sie gleichzeitig darauf besteht, dass Ruh seine Stärkungsmedizin nimmt. Im ersten Fall spricht Kängas Erwachsenen-Ich mit Tiegers Erwachsenen-Ich. Im zweiten Fall spricht ihr Eltern-Ich mit Ruhs Kind-Ich. In beiden Fällen benutzt sie den Ich-Zustand, der der jeweiligen Beziehung angemessen ist. Berne nennt solche befriedigenden Transaktionen *komplementär*. An anderer Stelle werden wir uns dagegen einige Fälle von, wie Berne sie nennt, *Überkreuz-Transaktionen* anschauen.

Was hat Pu mit alledem zu tun? Im Text erfahren wir, dass ihm »ein wenig nach elf Uhr zu Mute zu werden begann. Und er fand eine Büchse Dosenmilch, und irgendetwas schien ihm zu sagen, dass Tieger so was nicht mögen, weshalb er sie in eine stille Ecke trug und sich vorsichtshalber dazusetzte, damit sie von niemandem gestört werden konnte.«

Ich hoffe, ich muss meiner Leserschaft inzwischen nicht mehr versichern, dass dieses Verhalten bei Pu nichts mit Gier, geschweige denn Egoismus zu tun hat. Doch da sich lang gehegte Vorurteile nicht so schnell ausmerzen lassen, kann ich mich wohl nicht mit der schlichten Feststellung begnügen, dass Pu hier überragende therapeutische Fähigkeiten unter

Beweis stellt. Nein, ich muss es erklären. Und dazu müssen wir die Situation zunächst genauestens in Augenschein nehmen.

Tieger folgt Kängas Aufforderung und untersucht den Inhalt ihres
Schrankes. Känga, Christopher Robin und Ferkel schauen zu, wie Ruh seinen Malzextrakt einnimmt. Während Pu die Szene verfolgt, wird ihm klar, dass sich Kängas großzügige Gastfreundschaft wie von ihm vorhergesehen bestätigt. Des Weiteren sieht er voraus, dass Tieger, sobald er merkt, dass Kängas Schrank nicht das Richtige für ihn enthält, auf die kleine Gruppe um Ruh herum aufmerksam werden wird. Genau wie Pu intuitiv weiß, dass Tieger keine Dosenmilch mag, sagt ihm sicherlich eine ähnliche Intuition, dass Tieger Malzextrakt mögen wird. Er kann sich daher mit Fug und Recht entspannen und sein zweites Frühstück genießen, wobei er ganz bestimmt das Geschehen um sich herum mit einem wohlwollenden Auge beobachten wird.

Wie eine Büchse Dosenmilch nicht gestört wird

Der absurde Vorwurf, Pu sei gierig, lässt sich zwar ohne weiteres als unberechtigt abtun, doch aufmerksame Leser sind nicht selten durch die letzten Worte der oben untersuchten Passage verwirrt. Wir lesen, dass Pu die Büchse Dosenmilch »in eine stille Ecke trug und sich vorsichtshalber dazusetzte, damit *sie* von niemandem gestört werden konnte«. Warum »sie« und nicht »er«, wie wir wahrscheinlich erwartet haben? Wie kann man eine Büchse Dosenmilch stören? Wie soll das gehen?

Man könnte vielleicht argwöhnen, dass es sich hier schlicht um einen Flüchtigkeitsfehler des Autors handelt, dass er eigentlich »er« hatte schreiben wollen, doch Milne ist für seine Gewissenhaftigkeit bekannt, so dass wir diese Möglichkeit praktisch ausschließen können. Nein, das Pronomen »sie« ist eindeutig mit Absicht gewählt und meint nichts anderes als die »Büchse Dosenmilch«. Alles andere hieße, dem Pu-Opus in seiner Vielschichtigkeit nicht die gebührende Anerkennung zuteil werden zu lassen.

Wie die Hellsichtigeren in meiner Leserschaft sich bereits denken können, liegt die Erklärung in der symbolischen Bedeutung und den Assoziationen von Milch: »Die Milch der Menschenliebe«, »das Land, wo Milch und Honig fließen« – wir alle kennen diese Redewendungen, die uns an die lange Geschichte von Milch als Symbol für spirituelle und emotionale sowie materielle Nahrung erinnern. Honig hat ähnliche Assoziationen. Die Tatsache, dass Winnie-der-Pu ebendiese Lebensmittel zu sich nimmt, die sowohl spirituelle als auch materielle Nahrung darstellen, weist ihn als typischen Vertreter der großen Tradition aus, die sich weigert, Spirituelles und Materielles als sich gegenseitig ausschließend zu betrachten.

So weit, so gut. Die tiefe Bedeutung von Milch in diesem Kontext dürfte jetzt klar sein. Aber wir haben noch immer keine Antwort auf die Frage, wie man Milch stören kann. Und wieso passt Pu so gut auf, dass sie von niemandem gestört wird? Wie wir bereits gesehen haben, hat er die ganze Situation arrangiert, um Tigers unmittelbares Problem zu lösen. Er wusste, dass Tiger Ruhs Malzextrakt probieren und daran Gefallen finden würde (»Also, das mögen Tieger!«). Doch es kann Pu in seiner Eigenschaft als Psychologe nicht allein darum gehen, schmackhaftes Essen für Tieger zu finden, so dringend und wichtig das auch ist. Pus Hauptanliegen ist es vielmehr, Tigers übersteigertes Ungestüm zu bändigen, ohne dass seine wunderbare Vitalität und Abenteuerlust verloren gehen.

Känga, das scharfsichtigste Tier im Wald (selbstverständlich nach Pu), spielt dabei eine tragende Rolle. Wichtig ist in diesem Zusammenhang, dass sie diese Rolle ganz natürlich spielt. Zu Pus großen Qualitäten zählt die Fähigkeit, sich zurückzunehmen und es anderen zu ermöglichen, ihren Part zu spielen. Die wahre Milch der psychotherapeutischen Menschenliebe liegt somit zuweilen in einer scheinbar passiven Aufmerksamkeit. Ihn in diesem Augenblick um Rat zu bitten, so natürlich dies auch wäre, würde bedeuten, die wahre – und effektive – Menschenliebe zu stören, die ihn Känga und Tieger erlauben lässt, die Beziehung aufzubauen, die den größten direkten Einfluss auf Tiegers Psyche haben wird. Nebenbei bemerkt, es handelt sich um Dosenmilch, also *Kondens*milch, konzentrierte Milch, was bedeutet, dass Pu seine therapeutischen Fähigkeiten in absolut konzentrierter Form ausübt.

Wie richtig Pu mit seiner Einschätzung liegt, bestätigt das Kapitelende, wo es heißt, dass Tieger »danach für alle Zeiten bei Känga wohnte und Malzextrakt einnahm, zum Frühstück, zum Mittagessen und zum Tee. Und manchmal, wenn Känga fand, dass er eine kleine Stärkung gebrauchen konnte, nahm er nach den Mahlzeiten noch einen oder zwei Esslöffel Ruhfrühstück als Medizin.«

Känga vertraut Ruh Tieger an

Als Tieger das nächste Mal auftaucht, ist er auf Wunsch Kängas ein Freund und – was noch wichtiger ist, denn Ruh ist schließlich noch sehr jung – ein Beschützer von Ruh: Sie hatte »die beiden weggeschickt und Ruh ein Paket mit Brunnenkresse-Stullen und Tieger ein Paket mit Malzextrakt-Stullen in die Pfote gedrückt, und damit sollten sie sich einen schönen langen Vormittag im Wald machen und keinen Unfug stiften«.

Alle echten Ursinologen werden sich an Tiegers Behauptung erinnern, Tieger seien »ungewöhnlich gute Flieger«, die so gut fliegen könnten wie Eule, sie hätten »nur keine Lust« dazu, außerdem könnten sie so weit springen wie Kängas, »wenn sie wollen«, und »Natürlich können sie schwimmen. Tieger können

alles.« Schließlich sagt er: »Auf Bäume klettern können sie am besten.«
Vielleicht hat Tieger aus seiner Erfahrung mit allen möglichen Nahrungsmitteln gelernt, wie gefährlich Verallgemeinerungen sind. Denn gleich darauf erfahren wir: »... von allen Sachen, die Tieger, wie er gesagt hatte, können, war Bäumeklettern plötzlich die einzige, bei der er ganz sicher war«, was er auch auf der Stelle unter Beweis stellt.
Wir erleben hier seine Neigung zu exzessivem Optimismus, seinen Überschwang, sowohl in physischer Hinsicht als auch vom Temperament her. Wir wissen bereits, dass er alles andere als introspektiv ist und vor allem auf externe Stimuli reagiert: Spiegel, Tischtücher, Honig, Heicheln, Disteln und Malzextrakt. Er passt also in jeder Beziehung wunderbar in die Kategorie, die C. G. Jung »extravertierte Empfindung« genannt hat. Jung teilte die Menschen in zwei Grundtypen, die so genannten Einstellungstypen, ein: Extravertierte und Introvertierte. Tieger erfüllt zweifelsohne Jungs Kriterium des Extravertierten. Der Extravertierte, heißt es bei Jung, habe ein positives Verhältnis zum Objekt, dessen Bedeutung er derart bejaht, dass sich seine positive Einstellung stets auf das Objekt bezieht und danach ausrichtet. Darüber hinaus ordnet Jung beide Typen nach ihren

jeweiligen »Funktionstypen« ein und unterscheidet die Denkfunktion, die Fühlfunktion, die Empfindungs- und die Intuitionsfunktion. Es steht außer Zweifel, dass bei Tieger die Empfindungsfunktion dominiert. Der extravertierte Empfindungstyp, so C. G. Jung, ist keineswegs unliebenswert; im Gegenteil, dank seiner lebhaften Fähigkeit zur Freude sei er ein guter Gesellschafter und in der Regel ein lustiger Bursche.

Auch die Bäumekletter-Episode belegt wiederum, dass Tieger ein nach außen gerichteter Typ ist, der auf die Reize der Außenwelt reagiert. Zwar schätzt er seine Hochkletterkünste richtig ein, sieht jedoch nicht voraus, dass es mit dem Herunterklettern hapert. Die Folge ist, dass er und Ruh hoch oben im Baum warten müssen, bis Christopher Robin und I-Ah zufällig vorbeikommen und Pu und Ferkel sehen, die unter dem Baum stehen. Christopher Robin hat eine brillante Idee:

> »Ich werde meinen großen Kittel ausziehen, und jeder von uns hält ihn an einer Ecke fest, und dann können Ruh und Tieger hineinspringen, und das wird dann ein ganz sanfter und federnder Aufprall, und niemand kommt zu Schaden.«

Ruh macht seine Sache bravourös und funktioniert Christopher Robins Kittel in eine Art Trampolin um. Als Tieger an der Reihe ist, stellt sich ihm ein bezeichnendes Problem. Da bei ihm die Empfindungsfunktion überwiegt, ist er sich der möglichen Gefahren des Sprungs mehr als bewusst. Bezeichnenderweise betrachtet er die Sache kategoriengebunden: »Das mag ja alles für springende Tiere wie Kängas gut und schön sein, aber für schwimmende Tiere wie Tieger sieht die Sache schon anders aus.« Und er flüchtet sich in einen Tagtraum, in dem er auf dem Rücken einen Fluss hinuntertreibt. Sein Problem löst sich von allein, als ein Ast unter seinem Gewicht bricht. Er stürzt hinab und fühlt sich »schon wieder ungestüm«.

Diese Episode ist ein besonders anschauliches Beispiel für den speziellen Beitrag von Winnie-dem-Pu zur psychotherapeutischen Arbeit. Sie ist so originell, dass sie nicht nur nach einem Kommentar, sondern auch nach einer Erläuterung verlangt, zumindest für den uninformierten Leser, der das Ganze vielleicht nicht durchschaut. Gehen wir also Punkt für Punkt vor.

Pu als der
(fast) unsichtbare Therapeut

1. Pu scheint nur eine sehr kleine Rolle zu spielen, und zwar eine physische, keine psychologische: Er hält eine Ecke des Kittels fest, damit die beiden auf dem Baum festsitzenden Freunde hineinspringen können.
2. Als er und Ferkel sich dem Baum nähern, sagt er, Tieger und Ruh seien »Jagulare«, also wilde, bedrohliche Tiere: »Sie verstecken sich im Geäst eines Baumes und lassen sich auf einen fallen, wenn man unten vorbeigeht.«
3. Als sie merken, dass es Tieger und Ruh sind, und die beiden ihre Zwangslage erklärt haben, fragt Pu Ferkel, was sie tun sollen, und fängt an, Tiegers Stullen zu essen.
4. Als Ferkel Pu fragt, ob er zu den beiden hochklettern könne, antwortet Pu:

»Das könnte ich, Ferkel, und ich könnte Ruh auf dem Rücken herunterbringen, aber Tieger könnte ich nicht herunterschaffen. Deshalb müssen wir uns etwas anderes einfallen lassen.« Und nachdenklich begann er auch Ruhs Stullen zu essen.

5. Tiegers Unbesonnenheit, Ruh mit auf den Baum zu nehmen, von dem sie nicht mehr herunterkönnen, lässt ernsthaft an der Richtigkeit von Kängas Entscheidung zweifeln, ihr geliebtes Ruh in Tiegers Obhut zu geben. Genauso zweifelhaft erscheint Pus Wahl von Känga als Tiegers Ersatzmutter.

Alle wahren Ursinologen werden zuversichtlich davon ausgehen, dass sich die oben angeführten Einwände zufrieden stellend aus der Welt schaffen lassen. Doch selbst sie halten vielleicht eine Erklärung für nötig. Es wird mir eine Ehre sein, diese zu liefern.
Die Antwort auf den ersten Einwand ergibt sich von selbst, sobald die anderen Punkte behandelt worden sind. Daher wende ich mich ihnen zu.

2. Die meisten Ursinologen haben dieses Problem sicherlich schon selbst gelöst. Bei dem Begriff »Jagulare« handelt es sich offenkundig um einen typischen Scherz Pus. Er hatte wahrscheinlich die Hoffnung, dass Ferkel dies analog zum gleichfalls imaginären Heffalump erkennen würde. Diese Deutung wird durch überzeugende textimmanente Beweise gestützt. Es ist schlichtweg unwahrscheinlich, dass Pu

mit seinem enormen Verstand an die Existenz eines Tieres glaubt, das der zoologischen Wissenschaft unbekannt ist. Er gibt uns einen weiteren Hinweis, als er erwähnt, auf wen er sich angeblich stützt: »Das hat mir Christopher Robin gesagt.« Wir haben sowohl negative als auch positive Belege dafür, dass Christopher Robins Meinung in solchen Dingen mit Vorsicht zu genießen ist. Im letzten Kapitel von *Pu baut ein Haus* zählt Christopher Robin für Pu etliche unterschiedliche Dinge auf, die er gelernt habe, und es ist nichts dabei, was mit Naturkunde zu tun hat – ein deutlicher negativer Beweis, der dagegen spricht, seine Äußerungen zu diesem Thema ernst zu nehmen. Und eine positive Form der Disqualifizierung ist seine Behauptung, er habe ein Heffalump gesehen.

3. Strittig ist, ob Pu wirklich gehofft hat, dass Ferkel mit einer machbaren oder gar interessanten Lösung aufwarten würde. Dass er Tigers Stullen nicht aus Gier isst, muss wohl nicht noch einmal klargestellt werden. Wir alle wissen schließlich, dass Stullen, die zu lange liegen bleiben, ungenießbar werden. Pu will also nur verhindern, dass Känga die Stullen vergeblich geschmiert hat.
Känga wäre das sicherlich recht. Außerdem kann Pu

sich denken, dass Tieger und Ruh, wenn sie denn zurück auf die Erde kommen, zwangsläufig in einem angespannten Zustand sein werden. In einem derartigen Zustand zu essen würde wahrscheinlich Verdauungsstörungen hervorrufen. Dadurch, dass Pu die Stullen ganz einfach verzehrt, bewahrt er sie vor dem Verderben, seine Freunde vor körperlichem Unwohlsein und seinen eigenen Körper vor Entkräftung.

4. Wie gewohnt zeigt Pu einen sicheren Realitätssinn, als er zugibt, dass er Tieger nicht vom Baum herunterschaffen kann: »Deshalb müssen wir uns etwas anderes einfallen lassen.« Das »etwas anderes« ist natürlich Christopher Robins Plan. Pu allein könnte ihn nicht ausführen, zum einen, weil er im Gegensatz zu Christopher Robin nichts am Leibe trägt, was sich als Auffangnetz eignet, zum anderen, weil, selbst wenn er so ein Kleidungsstück besäße, zwei weitere Personen erforderlich wären, um die Ecken festzuhalten. Aber können wir wirklich auch nur einen Augenblick lang glauben, er hätte nicht vorausgesehen, dass Christopher Robin und I-Ah kommen und genau die erforderliche Hilfe leisten würden? Er liefert hier ein weiteres Beispiel für therapeutische Originalität, dafür, wie

man die speziellen Fähigkeiten von Freunden sinnvoll einsetzt.

5. Ganz ähnlich verhält es sich mit Känga. Genauso, wie sie zu Recht sicher sein konnte, dass Ruh keinen Schaden erleiden würde, als es entführt wurde, so ist sie jetzt sicher, dass Tigers Unbesonnenheit Ruh Freude bereiten würde, statt es in Gefahr zu bringen. Im Text ist nicht eindeutig belegt, dass sie diese Sicherheit hat, denn sie weiß, dass Pu alles wohlwollend im Auge behalten wird. Aber ihr gutes Verhältnis zueinander macht eine solche Interpretation durchaus wahrscheinlich.

Wir haben somit nicht nur alle anderen Einwände ausgeräumt, sondern wir sehen nun, dass sie in ihrer Gesamtwirkung auch den ersten und grundlegenden Einwand aus der Welt schaffen. Pu spielt keineswegs bloß eine nicht psychologisch motivierte, unterstützende Rolle, nein, er ist der führende Geist der gesamten Geschichte. Er liefert hier sogar ein wunderbar anschauliches Beispiel für die erwähnte originelle Methode, seinen Freunden in der Behandlung eine tragende Rolle zukommen zu lassen. Das hat, wie Sie, werte Leserinnen und Leser, sicherlich erkennen, einen doppelten Wert. Denn es ist für seine – unfreiwilligen – Helfer psychologisch ebenso wertvoll wie für die eigentliche Zielperson seiner Behandlung. Seine eigene Bereitwilligkeit, lediglich als Helfer zu erscheinen, baut deren Selbstbewusstsein auf, verschafft ihnen die angenehme Erfahrung aktiver Wohltätigkeit und belegt natürlich wieder einmal Pus beispielhafte Bescheidenheit.

Bevor wir mit Tiegers faszinierender Fallstudie fortfahren, muss ich zugeben, dass ich meinen Lesern eine etwas ausführlichere Erklärung schulde. Einige haben möglicherweise den Eindruck gewonnen, dass ich ausnahmsweise einmal von der konsequenten empirischen Beweisführung abgewichen bin, die doch eigentlich so typisch ist für meine ursinologischen Studien. Wo, so mögen sie fragen, sind die unzweifelhaften Fakten, die belegen, dass Pu der bestimmende, aber unaufdringliche Autor und Regisseur dieses kleinen Dramas ist?

Ich muss gestehen, dass dies keine unbegründete Frage ist. Ich muss sogar einräumen, dass sie sich nicht so vollständig und konkret beantworten lässt, wie man es sich wünschen würde. Ich baue jedoch darauf, dass ehrlich interessierte Fragesteller ihrerseits zugeben werden, dass dies unweigerlich in der Natur der Sache liegt. Gerade weil Pus Methode indirekt und zurückhaltend ist, hinterlässt sie keine offenkundigen, ins Auge springenden Spuren.

Wie aber, so werden Sie fragen, kann ich dann meine Interpretation rechtfertigen? Erinnern wir uns der Lehre des guten und klugen Bischof Butler (in seinem Buch *Über die Analogie der Religion*, 1736), nach der die Wahrscheinlichkeit der Leitfaden des Lebens ist. Wenn wir die Wahrscheinlichkeit einer Erklärung eines bestimmten Ereignisses einschätzen, dürfen wir das Ereignis nicht isoliert betrachten, sondern müssen es in Beziehung zu anderen kontextuellen Ereignissen und zu den beteiligten Personen sehen. Ich möchte behaupten, dass die Grundsätze des klugen Bischofs uns dazu bringen, Pus Führungsrolle in dem ansonsten unerklärlichen Vorfall mit Tieger, Ruh und der Tanne uneingeschränkt zu akzeptieren.

Ich hoffe auch, dass meine Offenheit in der Erläuterung dieser Problematik die übrige Auslegung umso wissenschaftlicher und überzeugender erscheinen lässt.

Tieger und I-Ah

Tiegers nächster Auftritt zeigt einige interessante, neue Verhaltensweisen, die noch einmal die nuancierte Vielschichtigkeit von Milnes Meisterwerk veranschaulichen. Der vollständige Titel des betreffenden Kapitels lautet: »In welchem Pu ein neues Spiel erfindet und I-Ah mitspielt.« Wenn wir den Inhaltsreichtum der ersten Seiten überspringen, kommen wir zu der Stelle, wo I-Ah sich beklagt, er sei sehr ungestüm in den Fluss gestoßen worden, und Ferkel die Vermutung äußert, der ungestüme Stoßer sei Tieger gewesen. Im selben Augenblick kommt Tieger dazu und wird mit dem Vorwurf konfrontiert, I-Ah voll Ungestüm gestoßen zu haben.

Seine übliche Heiterkeit verwandelt sich in Unbehagen und defensive Gereiztheit, und er macht Ausflüchte. Er zeigt also alle Anzeichen von Schuldgefühlen. Die verschiedenen psychologischen Richtungen sehen für Schuldgefühle unterschiedliche Gründe. Die Psychoanalyse führt Schuldgefühle auf verinnerlichte Verbote zurück, die einem von Autoritätspersonen in der frühen Kindheit auferlegt wurden. Es liegen jedoch keine Belege dafür vor, dass Tieger je Erfahrungen mit solchen Autoritäten gemacht hätte. Daher greift hier auch nicht die verhaltenspsychologische Theorie, nach der Schuldgefühle eine konditionierte Reaktion auf Handlungen darstellen, die in der Vergangenheit zu Bestrafung geführt haben. Wesentlich zutreffender scheinen da schon existenzialistische Theorien, die Schuldgefühle als Reaktion auf Verhaltensweisen betrachten, die die Realisierung des eigenen Potenzials in seiner Gänze verhindern.

So gesehen hat Tieger aus zweierlei Gründen Schuldgefühle. Dass er I-Ah ungestüm in den Fluss stößt, erschwert einerseits die Erfüllung seines Wunsches, mit allen Freundschaft zu schließen, andererseits behindert jede Einschränkung dieses Ungestüms seinen natürlichen Überschwang. Kein Wunder, dass ihn, so weit es seine Natur zulässt, existenzialistische *Angst* befällt.

Zum Glück ist Hilfe zur Stelle. Erneut erleben wir Pus umsichtige Passivität, die es Christopher Robin ermöglicht, die Situation dadurch zu entspannen, dass er eine Partie Pu-Stöcke vorschlägt. Und nach dem Spiel gehen Tieger und I-Ah sogar zusammen weg, weil I-Ah Tieger erklären will, wie man beim Pu-Stöcke-Spielen gewinnt. Zu bezweifeln, dass Pu das Spiel Pu-Stöcke erfunden hat, weil er dessen therapeutischen Nutzen gesehen hat, würde von neurotischer Skepsis zeugen. Wir werden an Winnicotts

Ideen in seinem Buch *Vom Spiel zur Kreativität* erinnert. Zwar geht es darin in erster Linie um das Spiel der Mutter mit ihrem Kind, doch Winnicotts These, dass damit der Weg zum gemeinsamen Spielen in einer Beziehung geebnet wird, lässt sich wohl ohne Übertreibung auf die nunmehr glücklichere Beziehung von I-Ah zu Tieger übertragen.

Wieder einmal erleben wir Pus einzigartige Methode, Tieger und I-Ah zu einer äußerst erfolgreichen therapeutischen Interaktion zu führen. In unserem nächsten Fall untersuchen wir, wie er Kaninchens Herrschsucht mit Hilfe der Verhaltenstherapie heilt. Hier soll der Hinweis genügen, dass sie überzeugend Pus Weigerung rechtfertigt, Tiegers natürliche Lebendigkeit zu zerstören. Stattdessen versucht er sie in akzeptable Kanäle zu leiten.

FALL 4

Kaninchens Probleme

Seit seinem ersten Erscheinen wohnt Kaninchens Charakter eine grundlegende Ambiguität inne. Einerseits wird Kaninchen Herzlichkeit und Lob und die Ehre häufiger Besuche von Winnie-dem-Pu zuteil, andererseits wirkt es häufig ungemein herrisch, ja es führt sich auf wie ein »Hauptmann oder Kapitän«, wie Milne selbst es so trefflich formuliert. Daher wollen wir Kaninchen zunächst als ein Beispiel für Adornos »autoritären Charakter« analysieren und untersuchen, wo diese Persönlichkeitsstruktur, die Pu als Minderwertigkeitskomplex im Sinne Adlers bezeichnen wird, ihre Wurzeln hat. Außerdem müssen wir laufend die weniger attraktiven Seiten seines Charakters gegen die Wesenszüge abwägen, denen er seine Freundschaft mit Pu verdankt. Und schließlich werden wir genau aufzeigen, wie Pu Kaninchens Probleme zunächst erkennt und anschließend mittels verschiedener psychologischer Methoden löst.

Im Laufe dieser komplizierten und komplexen Fallstudie werden wir nicht nur Pus umfangreiche Sachkenntnis zu würdigen wissen, sondern auch erleben, wie unaufdringlich und mit welchem immensen Feingefühl er seine Hilfe und Anleitung gewährt. Bemerkenswert ist insbesondere, dass er aufgrund seines Einblicks in den jeweiligen Charakter seiner Freunde Interaktionen ermöglicht, in denen er ihnen unter seiner generellen Anleitung Entscheidungsfreiheiten lässt und so zu einem glücklichen Ergebnis gelangt.

Das Verhalten vieler namhafter Psychologen hat uns dazu geführt, inzwischen eine proaktivere Therapieform und eine überheblichere Haltung gegenüber Klienten zu erwarten. Daher sollten wir vielleicht eher bereit sein, jenen zu vergeben, die Pus meisterhaftes Können gerade deshalb nicht erkannt haben, weil es so subtil ist. Dieser Sachverhalt wird in keinem anderen Fall anschaulicher als in dem von Kaninchen. Wenden wir uns daher zunächst einmal den psychischen Problemen von Kaninchen zu.

Kaninchen als
autoritärer Charakter

Den Schlüssel zu diesen Problemen liefert Milne uns, indem er Kaninchen mit einem »Hauptmann oder Kapitän« vergleicht, eine eindeutige Anspielung auf autoritäre Persönlichkeitsmerkmale. Ich hoffe, es ist nicht notwendig, lang und breit zu erörtern, dass autoritäre Eigenschaften in der glücklichen, idyllischen Welt von Pu nur sehr abgemildert zum Ausdruck kommen. Andererseits war Milne ein zu großer Realist, um sich nicht über die ernsthaften Aspekte dieser Probleme im Klaren zu sein. Obwohl sie nur indirekt zum Ausdruck kommen, werden sie aufmerksamen Lesern nicht entgehen.

Adornos berühmtestes Werk zum Thema *Der autoritäre Charakter* listet einige typische autoritäre Persönlichkeitszüge auf:

> die Neigung, vor Menschen auf der Hut zu sein, die gegen konventionelle Werte verstoßen, und diese Menschen zu verurteilen, abzulehnen und zu bestrafen;

> ein rigides Festhalten an konventionellen bürgerlichen Werten;

die Konzentration auf das Thema Dominanz-
Unterwerfung, stark-schwach, Führer-Anhänger;

der latente Glaube, dass wilde und gefährliche
Dinge in der Welt vor sich gehen.

All das finden wir bei Kaninchen. Schauen wir uns
nun, da wir dementsprechend sensibilisiert sind, ein-
zelne Beispiele an.

Das voreingenommene Kaninchen

Im zweiten Kapitel von *Pu der Bär* kommt Pu zu
einem großen Loch an einem sandigen Abhang.

»Aha!«, sagte Pu. *(Rum-tum-tiedel-um-tum.)*
»Wenn ich überhaupt irgendwas über irgendwas
weiß, bedeutet dieses Loch Kaninchen«, sagte er,
»und Kaninchen bedeutet Gesellschaft«, sagte er,
»und Gesellschaft bedeutet Essen und Mir-beim-
Summen-Zuhören und Ähnliches in der Art. *Rum-
tum-tum-tiedel-dum.*«

Kaninchens Gastfreundschaft ist so großzügig, dass
Pu, als er gehen will, in der Tür stecken bleibt und
»ein eingeklemmter Bär in starker Bedrängnis« wird.

Wir haben uns bereits im ersten Kapitel mit der eigentlichen Bedeutung von Pus Lage befasst, so dass wir uns hier ganz auf Kaninchens Verhalten konzentrieren können.
Bislang hat sich Kaninchen entsprechend Pus positiven Vorhersagen verhalten. Jetzt jedoch nimmt es einen tadelnden Tonfall an:

»Das kommt alles daher«, sagte Kaninchen streng, »dass man zu viel isst. Ich dachte vorhin schon«, sagte Kaninchen, »wollte aber nichts sagen«, sagte Kaninchen, »dass einer von uns beiden zu viel isst«, sagte Kaninchen, »und ich wusste, dass ich nicht derjenige war«, sagte es.

Wenn wir uns noch einmal die von Adorno aufgelisteten Charakterzüge vor Augen halten, fällt uns auf, dass Kaninchen Pus Essverhalten rasch als übermäßiges Essen verurteilt. Sein striktes Festhalten an konventionellen bürgerlichen Werten manifestiert sich in seiner vordergründig höflichen Weigerung, Pus übermäßiges Essen zu kommentieren, obwohl es bestimmt hilfreich gewesen wäre. Dass Kaninchen selbstgerecht jede Mitschuld von sich weist, ist typisch für den Typ, den wir hier untersuchen. Die Selbstbeschreibungen des autoritären Charakters, so meint Adorno, haben einen eindeutig moralischen Ton.

Im Hinblick auf den Vorwurf der Gefräßigkeit haben wir bereits die weit verbreitete, aber offenkundig absurde Vorstellung widerlegt, der betreffende Vorfall sei der Beleg für Pus Gier. Wie wir inzwischen wissen, führt er uns lediglich die Gefahren von Übermäßigkeit *vor Augen,* selbst auf Kosten seiner eigenen Behaglichkeit und Würde – ein weiterer Beweis dafür, dass Pu zu denjenigen gehört, die der Eitelkeit entsagt haben, wie ein weiser Buddhist empfahl. Außerdem erntet Pu den versprochenen Lohn, frei von allen Fesseln zu sein. Ein Beispiel, dem so manch anderer Psychologe zum Wohle seiner selbst und anderer folgen sollte.

Wir dürfen Kaninchens Fehleinschätzung nicht zu streng verurteilen. Es wäre ungerecht, ihm einen Fehler anzukreiden, der bis zu den jüngsten Forschungen engagierter Ursinologen einfach jedem unterlaufen ist. Schwerer fällt es dagegen, sein Auftreten zu entschuldigen. Im Text heißt es, dass es »streng« spricht: eine ungewöhnliche Haltung im Pu-Opus, aber natürlich typisch für das autoritäre Auftreten.

Eine stereotype Reaktion einer Ingroup auf eine Outgroup

Als Känga und Ruh in den Wald kommen, reagiert Kaninchen zunächst feindselig. Die Schlüsselpassage muss im Folgenden ausführlich zitiert werden, bevor wir sie genauer analysieren.

> »Was mir daran nicht gefällt, ist Folgendes«, sagte Kaninchen. »Hier sind wir – du, Pu, und du, Ferkel, und ich – und plötzlich ...«
> »Und I-Ah«, sagte Pu.
> »Und I-Ah – und plötzlich ...«
> »Und Eule«, sagte Pu.
> »Und Eule – und dann, ganz plötzlich ...«
> »Ach, und I-Ah«, sagte Pu. »Ihn hatte ich vergessen.«
> »Hier. Sind. Wir«, sagte Kaninchen sehr langsam und betont. »Wir. Alle. Und dann, plötzlich, wachen wir eines Morgens auf, und was finden

wir? Wir finden ein fremdes Tier unter uns. Ein Tier, von dem wir nie auch nur gehört haben! Ein Tier, das seine Familie in der Tasche mit sich herumschleppt!«

Gleich darauf schlägt es einen Plan vor, wie sie die – seiner Meinung nach – unwillkommenen Eindringlinge loswerden können:

»Das Beste wäre, Klein Ruh zu stehlen und es zu verstecken, und wenn dann Känga sagt: ›Wo ist Klein Ruh?‹, sagen wir: ›Aha!‹ ... damit Känga weiß, dass *wir* wissen, wo Klein Ruh ist. ›Aha!‹ bedeutet: ›Wir werden dir sagen, wo Klein Ruh ist, wenn du uns versprichst, dass du aus dem Wald verschwindest und nie wiederkommst.‹«

Kaninchens Hauptbedenken gegen Känga und Ruh ließen sich wie folgt auflisten:

1. Känga und Ruh sind Neulinge.
2. Man hat noch nie von ihnen gehört.
3. Sie sind an und für sich schon seltsam.
4. Sie gehören in keine bekannte Kategorie.
5. Sie sind Eindringlinge in eine bestehende Gruppe.

Wir haben es hier mit einem klassischen Fall von Feindseligkeit zu tun, mit der eine etablierte Ingroup häufig auf eine Outgroup reagiert, vor allem wenn ein autoritärer Vertreter der Ingroup diese Reaktion zum Ausdruck bringt. Wer von meinen Lesern Henri Tajfels Buch *Gruppenkonflikt und Vorurteil* kennt, hat sicherlich bemerkt, dass Kaninchen alle drei Komponenten aufweist, die nach Tajfel eine Gruppe charakterisieren: erstens die kognitive Komponente, zweitens die evaluative Komponente und drittens die emotionale Komponente.

1. Kaninchen zeigt die kognitive Komponente, wenn es sagt: »Hier. Sind. Wir ... Wir. Alle.« Es bringt damit zum Ausdruck, dass es um die eigene Gruppenzugehörigkeit weiß, und grenzt sich außerdem entschieden von der Outgroup ab.
2. Kaninchen nimmt anschließend eine Bewertung seiner (In-)Gruppe im Vergleich zu der Outgroup – Känga und Ruh – vor.
3. Schließlich haben wir die emotionale Komponente; sie zeigt sich hier in einer Feindseligkeit, die so groß ist, dass Kaninchen die Entführung von Ruh vorschlägt, die mit Abstand gewalttätigste Aktion in der gesamten Pu-Saga.

Kaninchen befremdet außerdem, dass Känga Ruh in ihrer »Tasche« – so sein Ausdruck – herumträgt. Hier ist eindeutig ein sexistisches Vorurteil im Spiel, ein typischer Wesenszug des autoritären Charakters, den wir bei Kaninchen bereits erkannt haben.

Richten wir nun unser Augenmerk darauf, wie Pu auf Kaninchen reagiert. Zunächst einmal erweitert er die Gruppe. Kaninchen erwähnt lediglich die Gruppenmitglieder, die anwesend sind: Pu und Ferkel. Pu erinnert Kaninchen an Eule und I-Ah. Interessanterweise erwähnt er I-Ah zweimal und fügt nach der zweiten Erwähnung hinzu: »*Ihn* hatte ich vergessen.« Nicht einmal diejenigen, die nach wie vor dem weit verbreiteten Mythos anhängen, Pu sei in Wahrheit ein Bär von sehr wenig Verstand, werden ernsthaft glauben, dass er die erste Erwähnung I-Ahs so schnell wieder vergessen konnte. Was ist dann die wahre Erklärung?

Offensichtlich will er Kaninchen klar machen, dass es die anderen Mitglieder seiner eigenen Gruppe vergessen hat. Vielleicht hat Pu außerdem den Verdacht, dass Kaninchen den einsiedlerischen I-Ah womöglich nicht als vollwertiges Mitglied der Ingroup betrachtet. Wie auch immer, indem er so tut, als habe er selbst I-Ah vergessen, weist er Kaninchen, ohne es zu kränken, auf dessen Unterlassung hin. Kaninchen reagiert nämlich extrem empfindlich auf Kritik, wie die meisten Patienten, die an einem Minderwertigkeitskomplex leiden. Auf der anderen Seite ist es, und das ist ebenso typisch, gleichgültig gegenüber den Gefühlen anderer. Als Pu einwendet, sie könnten auch »Aha!« sagen, wenn sie Klein Ruh nicht gestohlen hätten, sagt Kaninchen, wenn auch freundlich: »Pu ... du hast nicht den geringsten Verstand.«

Pus Antwort »Ich weiß« bedeutet selbstredend, dass er beileibe nicht so einen Verstand hat wie Kaninchen. Er will damit indirekt, aber unmissverständlich sagen, dass Kaninchens Reaktion zeigt, wie verbohrt dieses im Grunde ist. Kaninchens Erwiderung ist ein anschauliches Beispiel für die Art von arroganter Borniertheit, die Nietzsche meinte, als er sagte, dass Macht *dumm* mache. Die Tatsache, dass Kaninchen Pu »freundlich« beleidigt, zeugt zwar von seinem im Grunde gutmütigen Wesen, nicht jedoch von seiner Intelligenz.

Kaninchens minutiöse und durchnummerierte Auflistung der einzelnen Schritte seines Plans beweist den typischen Drang, Ereignisse und Personen bis ins Kleinste zu kontrollieren. Betrachtet man dies in Verbindung mit seiner sexistischen Haltung gegenüber Känga, so liegt hier ein überstrapaziertes Verlangen nach Männlichkeit im Sinne Adlers vor, der Wunsch, alle Schwierigkeiten des Lebens auf männliche Art aus dem Weg zu räumen.

Doch die bessere Seite von Kaninchens Charakter tritt gleich nach der Entführung zutage, denn, so lesen wir, »Kaninchen spielte bei sich zu Hause mit Klein Ruh und mochte das kleine Tier von Minute zu Minute lieber«. Und Kaninchens Zuneigung für Ruh ist keineswegs vorübergehender Natur, denn am Ende des Kapitels heißt es: »... und jeden Dienstag verbrachte Ruh mit seinem großen Freund Kaninchen...«

Damit nicht genug, im vierten Kapitel von *Pu baut ein Haus* findet sich ein regelrechtes Loblied auf Kaninchen, und zwar von dem großen Bären höchstpersönlich:

»... mit Kaninchen spreche ich richtig gern. Es spricht über vernünftige Sachen ... Es gebraucht kurze, leichte Wörter, zum Beispiel ›Wie wär's mit einem kleinen Mittagessen?‹ oder ›Greif zu, Pu.‹

Wodurch ihm eine weitere Strophe einfiel:

»Ja, ich hör es so gern sprechen.
Immerzu.
Schöner kann man gar nicht sprechen.
Schubidu.

Doch sagt Kaninchen: ›Iss nur tüchtig!‹
Dann werd ich leider davon süchtig.
Und ›Ich will mehr!‹
   Sagt Pu Bär.«

Damit müsste nun zweierlei ein für allemal geklärt sein: Erstens, und das liegt nun wirklich auf der Hand, Pu hat eine herzliche und positive Meinung von Kaninchen; zweitens, und da lässt das Zitat keinen Zweifel zu, Pu findet, dass Kaninchen ein sehr guter Gesprächspartner ist, dialogfähig, vor allem im Dialog mit Pu. Was den Umkehrschluss erlaubt, dass Kaninchen sich im Umgang mit anderen nicht so vorteilhaft erweist. Erinnern wir uns, wie Kaninchen sich im Kapitel »In welchem für Kaninchen ... viel los ist« in einem Rundumschlag abfällig über die anderen Waldbewohner auslässt. So sagt es, Pu, Ferkel und I-Ah hätten keinen Verstand; Eules Fähigkeit, »Dienstag« zu buchstabieren, sei irrelevant; Känga habe zu viel mit Ruh zu tun; Ruh sei zu jung; Tieger zu ungestüm – um dann zu dem Fazit zu gelangen, »weshalb wirklich niemand außer mir in Frage kommt, wenn man es recht bedenkt«.

Es erstaunt also nicht, dass der glückliche Ausgang der Entführung Ruhs nicht gleichzeitig die Lösung von Kaninchens sämtlichen Problemen bedeutet. In der Tat ist es ein Beleg für Milnes profunden Realismus, dass er uns in Erinnerung ruft, dass Psychotherapeuten mit Enttäuschungen und Rückfällen rechnen müssen; und selbst Winnie-der-Pu bildet da keine Ausnahme. Zudem kann auch ein Erfolg den Keim für zukünftige Probleme enthalten. So liegt Kaninchens ehrliche Freundlichkeit gegenüber Klein Ruh zum Teil darin begründet, dass Ruh dessen Selbstachtung stärkt, denn es »sagte ›Ja, Kaninchen‹ und ›Nein, Kaninchen‹ fast noch besser als alle anderen im Wald«. Kein Wunder, dass Kaninchen aufgrund seines Wunsches zu dominieren mit Tieger Probleme hat, eine Situation, die Pus psychologische Fertigkeiten auf den Plan ruft.

Die Heilung von Kaninchens Tieger-Phobie

Alle Ursinologen kennen die Episode aus *Pu baut ein Haus,* die den Titel trägt »In welchem Tieger gestüm gemacht wird«. Hier schlagen sich Kaninchens Herrschsucht und sein Widerwillen gegen Tiegers überschwängliche Vitalität in dem Versuch nieder, Tieger gestüm zu machen, indem man mit ihm auf einen »langen Entdeckungsausflug« geht, bei dem er bis zum nächsten Morgen verloren gehen soll. Dann, so Kaninchens Kalkül, wird er »ein demütiger Tieger sein ... ein trauriger Tieger ... ein melancholischer Tieger, ein kleiner Tieger, so klein mit Hut, und Leid wird es ihm tun, ein Ach-Kaninchen-was-bin-ich-froh-dich-zu-sehen-Tieger wird er sein«.

Kaninchen offenbart hier unverhüllt seine Intoleranz gegenüber Tiegers ungezügelter Lebhaftigkeit sowie seinen Wunsch, einen demütigen und fügsamen Tieger aus ihm zu machen: erneut eine typisch autoritäre Haltung.

Kaninchen möchte Tiegers Ungestüm dadurch bändigen, dass es ihn der unangenehmen Erfahrung aussetzt, sich ganz allein im Nebel zu verirren. Diese Technik wird häufig »Bestrafung« genannt, aber vielleicht ist der neutralere Begriff »negative Verstärkung« vorzuziehen. Kaninchens Plan schlägt fehl, weil Kaninchen selbst verloren geht und schließlich ausgerechnet von Tieger gerettet wird.

> Und schließlich hörte ihn [Tieger] ein sehr kleines und jammervolles Kaninchen. Und das kleine und jammervolle Kaninchen rannte durch den Nebel auf den Lärm zu, und der Lärm verwandelte sich plötzlich in Tieger; einen freundlichen Tieger, einen großartigen Tieger, einen großen und hilfreichen Tieger, der, wenn er überhaupt umhersprang, mit haargenau jener Anmut umhersprang, mit der Tieger umherspringen sollten.

Unsere erfahreneren Leserinnen und Leser haben zweifellos erkannt, dass die psychologische Bedeutung der Episode hiermit noch lange nicht erschöpft ist. Kaninchens Therapieversuch scheitert zwar, macht aber deutlich, dass Kaninchen selbst therapeutische Ambitionen hat. Pu Bär ist sich sowohl über Kaninchens Bestrebungen als auch über die Gründe seines Scheiterns im Klaren. Kaninchen scheitert, weil es Tieger vor allem seine eigenen Verhaltensmaßstäbe oktroyieren will. Immer wieder fällt uns auf, dass Pu diesen diktatorischen Ansatz in der Psychotherapie tunlichst vermeidet. Sein Ziel ist es stets, seinen Klienten dabei zu helfen, sich selbst zu helfen und auf ihre eigene Art und Weise psychisch zu gesunden. Zwar lehnt er Kaninchens Hauptmanns- oder Kapitänsattitüde ab, begrüßt jedoch dessen Wunsch, seinen Freunden zu helfen – und zwar so sehr, dass er, wie später noch zu zeigen sein wird, Kaninchens Hilfe bei der Behandlung von I-Ah in Anspruch nimmt. Auch wenn Kaninchen kein wahrer Therapeut ist, so hat es doch das Zeug zum Berater.

Die Geschichte um Kaninchen und Tieger ist so fesselnd, dass Generationen von Lesern schlichtweg übersehen haben, auf welch subtile Art Pu der Bär die ganze Sache lenkt und zu einem Happyend führt. Sehen wir uns jetzt den Fall noch einmal an, wobei wir unsere Analyse auf Pu konzentrieren, auf das, was er sagt und tut, sowie auf alles, was er bezeichnenderweise nicht sagt und tut.

Pus Diagnose

Wir kommen nun zu der wirklich wichtigen Frage: Welche Haltung nimmt Pu der Bär im Verlauf der ganzen Episode ein? Wie diagnostiziert er Kaninchens psychologisches Problem? Wie behandelt er es? Die Schlüsselszene findet sich im siebten Kapitel von *Pu baut ein Haus,* »In welchem Tieger gestüm gemacht wird«. Wer sich mit dem kanonischen Text gut auskennt, erinnert sich, dass Pu, während Kaninchen seinen Plan darlegt, Tieger gestüm zu machen, sich »so zurecht[setzt], dass er Kaninchen ganz bequem nicht zuhören« kann. Doch wie nicht anders zu erwarten, erkennt er sogleich den Kern von Kaninchens Problem. Als Kaninchen über Tieger sagt: »Er besteht aus zu viel Tieger ... darauf läuft es hinaus«, summt Pu ganz leise vor sich hin:

> »Wäre Kaninchen
> Größer und nicht klüger
> Und fetter
> Und stärker
> Oder größer und nicht klüger
> Als Tieger,
> Und Tieger feiner
> Und zahm wie ein Hühnchen
> Gegenüber Kaninchen
> Und netter,
> Nicht wie ein Berserker,
> Wäre es Wurscht, wär Kaninchen
> Größ- oder kleiner.«

Mit seiner unfehlbaren diagnostischen Fähigkeit erkennt Pu einen klassischen Fall von Alfred Adlers Beschreibung eines Minderwertigkeitskomplexes. In den 1920er Jahren, als die Pu-Abhandlungen erstmals erschienen, war Adlers Individualpsychologie

genauso bekannt wie Freuds Psychoanalyse oder Jungs Analytische Psychologie. Noch heute kennt so gut wie jeder seinen Begriff »Minderwertigkeitskomplex«, während Adler selbst, nachdem er lange in Vergessenheit geraten war, erst in jüngster Zeit wieder Interesse erregt.

Vom Adler'schen Standpunkt aus betrachtet, fühlt

sich Kaninchen aufgrund seiner geringeren Körpergröße jedem größeren Tier gegenüber minderwertig: Känga, I-Ah, Pu, vor allem aber gegenüber dem großen und ungestümen Tieger. Ganz typisch ist es, dass Kaninchen dieses Gefühl durch seine herrische Art, sein Hauptmanns- oder Kapitänsgebaren kompensiert. Das Ganze kulminiert in dem Versuch, Tieger gestüm zu machen.

Dass Pu sich schon längst über Kaninchens Problem im Klaren ist, hat uns bereits sein Verhalten verraten, als Kaninchen in *Pu der Bär* den Plan entwickelte, Känga und Ruh aus dem Wald zu vertreiben. Schon dort nämlich hatte er eine skeptische Distanz zu Kaninchens Absichten bewahrt. Er wusste natürlich, dass nichts Schlimmes passieren würde, und ließ daher den Dingen ihren Lauf – ein weiteres Beispiel für seine bewährte Taktik, seinen Freunden die Möglichkeit zu geben, so viel wie möglich ohne Anstoß von außen zu lernen. Mag sein, dass er sogar die Hoffnung hatte, die Freundschaft mit Ruh würde Kaninchen mehr Selbstvertrauen geben und es toleranter machen. Wie wir oben gesehen haben, trifft dies nur bis zu einem gewissen Punkt zu. Natürlich war Tieger da noch nicht auf der Bildfläche erschienen, und er stellt für Kaninchens labile Psyche eine größere Gefahr dar. Doch seit seiner Absicht, Känga

und Ruh zu vertreiben, hat seine Psyche deutliche
Fortschritte gemacht. Jetzt will es Tieger lediglich
zähmen.

Pu erkennt,
wie er Kaninchen behandeln kann

Zunächst sieht es so aus, als würde Pu die Methode,
mit der er bei Känga und Ruh so erfolgreich war, erneut anwenden. Wohlwollende Distanz lautet der gemeinsame Nenner. Nun jedoch gibt uns der Milne'
sche Text einen deutlicheren Hinweis darauf, dass
Pu, wenn auch unauffällig, alles im Griff hat. Kaninchen hat soeben seinen Plan erläutert, wie Tieger
gestüm gemacht werden soll: Es will ihn mit auf
einen Entdeckungsausflug zum Nordpohl nehmen
und dort verlieren.

Und nun konnte Pu wieder sehr froh sein, denn
den Nordpohl hatte er zuerst gefunden, und wenn
sie dort ankamen, würde Tieger ein Schild sehen,
auf dem »Entdeckt von Pu, Pu hat ihn gefunden«
stand, und dann würde Tieger wissen, was er vielleicht noch nicht wusste, was für eine Art Bär Pu
war. *Diese* Art Bär.

Frühere Forschungen haben bereits einiges von der Bedeutungsvielfalt des Nordpohls im ursinianischen Kontext enthüllt. Nachdem sein philosophischer Gehalt in *Jenseits von Pu und Böse* und seine Bedeutung als Abwandlung der Gralssuche in *Die Prophezeiungen des Pudradamus* nachgewiesen wurden, können wir ihn nun auch noch in seiner Funktion als Symbol für die Reise zu psychischer Gesundung sehen.

An dieser Stelle erheben manche Leser vielleicht den Einwand, dass wir zum einen keinen Beweis dafür haben, dass Tieger den Nordpohl erreicht, und dass zum anderen nicht Tiegers, sondern Kaninchens Psyche der Heilung bedarf. Nun ist Kritik von Leserseite durchaus erfreulich, so sie denn angebracht ist, aber wir müssen uns gegen Kritik verwahren, die vorschnell oder oberflächlich oder übertrieben allzu textgläubig ist. Oder, wie in diesem Fall, alles zusammen.

Die augenscheinlichen Probleme verschwinden, wenn wir das obige Zitat in seinen größeren Kontext stellen. In diesem Licht betrachtet, sehen wir auf den ersten Blick, dass Pu froh, ja sogar *sehr* froh ist, da er endlich weiß, wie er Kaninchens psychische Gesundheit wieder herstellen kann. Tieger selbst ist zur Zeit nicht Pus Problem. Das hat er Känga überlassen, die, wie wir bereits gesehen haben, bei Tiegers Sozialisierung beachtliche Erfolge verzeichnet. Tieger, der bei Känga und Ruh glücklich domestiziert wird, hat trotz der Episode, in der er I-Ah ungestüm geschubst hat, weil er angeblich »irgendwie ungehustet« war, mit dem Esel Freundschaft geschlossen. Zugegeben, Kaninchen bleibt unversöhnlich, doch wie dieses Kapitel ungeheuer dramatisch vor Augen führt, ist die wahre Lösung nicht die, Tieger gestüm zu machen, sondern Kaninchen davon zu überzeugen, dass Tiegers Ungestüm natürlich und bewundernswert ist, ein vortreffliches Beispiel für die von der Harvard-Professorin Ellen Langer so bezeichnete »befreiende Wirkung eines neuen Standpunktes«.

Von der Diagnose zur Behandlung

Wie bei dem Plan, Ruh zu entführen, verbindet Pu vordergründige Kooperation mit unmissverständlicher Distanz. Überdies erteilt er mehrere warnende Hinweise, die jemand, der weniger mit sich selbst beschäftigt ist als Kaninchen, ohne weiteres verstanden hätte. E. H. Shepards Illustration, auf der sich die Gruppe im Nebel auf den Weg macht, ist äußerst aufschlussreich. Kaninchen, das vorausgeht, schaut über die Schulter und stellt eindeutig Blickkontakt zu Pu her. Pus Miene hätte einem klügeren Kanin-

chen zu denken gegeben. Aber Kaninchen marschiert unbekümmert weiter.
Tieger läuft plötzlich voraus. Auf Kaninchens Kommando hin verstecken sich die übrigen drei in einer Mulde neben dem Pfad. Als Tieger offenbar verschwunden ist, steht Kaninchen auf und reckt sich.

>»Na?«, flüsterte es stolz. »Geschafft! Genau, wie ich gesagt habe.«
>»Ich habe nachgedacht«, sagte Pu, »und ich denke ...«
>»Nein«, sagte Kaninchen. »Lass es. Lauf! Kommt mit.«

Wir Ursinologen sind natürlich jedes Mal tief schockiert, wenn wir diese Passage lesen. Dem großen Bären einfach so ins Wort zu fallen, als er gerade seinen neuesten Gedanken kundtun will, zeigt, dass Kaninchen in seiner Arroganz taub ist für die

Stimme der Weisheit. Gleich darauf weckt er zwar unsere Hoffnung, doch nur, um sie sofort wieder zu zerschlagen:

> »Jetzt«, sagte Kaninchen, nachdem sie ein Stück weggerannt waren, »können wir reden. Was wolltest du sagen, Pu?«
> »Nicht viel. Warum gehen wir in diese Richtung?«
> »Weil es hier nach Hause geht.«
> »Oh!«, sagte Pu.

Der kurze, aber prägnante Dialog ruft uns die grundlegende Bedeutung in Erinnerung, die der Interpunktion in den großen Milne'schen Texten zukommt. Das Fragezeichen nach Pus Frage ist zwar offensichtlich korrekt, stellt aber wohl nur das konventionelle Zeichen nach einer regulär gebildeten Frage dar. Dagegen verrät uns das Ausrufungszeichen nach »Oh«, dass es sich nicht um ein neutrales »Oh« handelt, mit dem Pu Kaninchens Aussage bloß bestätigen will. Nein, das »Oh« drückt Überraschung, sogar Verblüffung aus. In dem Kontext ist es praktisch ein Widerspruch zu Kaninchens Behauptung, sie seien auf dem richtigen Weg nach Hause. Doch Kaninchen überhört es völlig.

Es wird immer offensichtlicher, dass Kaninchen sich

verirrt hat. Inzwischen kann uns die wiederholte Betonung des Nebels kaum noch unbeeindruckt lassen. Die Funktion von Wetter ist ein weiterer Aspekt der Pu-Saga, der bislang sträflich vernachlässigt worden ist. Was erfahren wir im Text über das Wetter an dem Tag, an dem Tieger gestüm gemacht wird? »Der nächste Tag war ein ganz anderer Tag. Statt heiß und sonnig zu sein, war er kalt und neblig.« Können wir daran zweifeln, dass der Nebel hier die seelische Verwirrung symbolisieren soll, in die Kaninchen hineingerät, psychisch ebenso wie physisch?

Mit bewundernswerter Geduld gibt Pu Kaninchen eine Chance nach der anderen, die Wahrheit zu erkennen. Dass er sie selbst erkannt hat, wird deutlich.

> Pu war die Sandkuhle allmählich leid, und er hatte sie im Verdacht, dass sie ihnen folgte, denn in welcher Richtung sie auch aufbrachen, sie kamen immer zur Sandkuhle, und immer wenn sie durch den Nebel auf sie zukam, sagte Kaninchen triumphierend: »Jetzt weiß ich, wo wir sind!«, und Pu sagte traurig: »Ich auch.«

Die psychologische Bedeutung der Kuhle oder Grube ist anscheinend übersehen worden. Alle, die »Wer eine Grube gräbt, der kann selbst hineinfallen« (*Prediger,* 10, 8) kennen, wissen, dass eine Grube gemeinhin eine Falle symbolisiert, und so gesehen, bedeutet die Sandkuhle, das heißt die Grube, dass Kaninchen der psychologischen Falle, in die es geraten ist, nicht entkommen kann.

Als Pu »Ich auch« sagt, erkennt er die Wahrheit, und er sagt es traurig, weil offensichtlich ist, dass Kaninchen die Wahrheit nicht erkennt. Pu schlägt daraufhin vor, sie sollten so weit von der Kuhle weggehen, bis sie sie nicht mehr sehen, und dann versuchen, sie wieder zu finden. Seine Erklärung lautet:

> »Tja ... immer wieder suchen wir den Nachhauseweg und finden ihn nicht, und deshalb habe ich mir gedacht, wenn wir diese Kuhle suchen, finden wir sie ganz bestimmt nicht, und das wäre dann *gut*, weil wir dann vielleicht etwas finden, was wir *nicht* gesucht haben, und das wäre dann vielleicht genau das, was wir in Wirklichkeit *gesucht* haben.«
>
> »Das scheint mir nicht viel Sinn zu haben«, sagte Kaninchen.
>
> »Nein«, sagte Pu traurig, »hat es auch nicht. Es *begann* aber Sinn zu haben, als ich damit anfing. Unterwegs muss ihm etwas zugestoßen sein.«

Bei diesem »etwas«, das ihm zugestoßen ist, handelt es sich natürlich um Kaninchens störrisches Unverständnis, das den Weg von Pus Worten zu Kaninchens Verständnis blockiert. Der führende Forscher im Bereich der sozialen Kompetenz, Michael Argyle, meint, dass man das richtige Empfangen von Botschaften genauso lernen muss wie das Senden von Botschaften. Pu hat uns das bereits dargelegt. Und zwar in einer Situation, in der auch Kaninchen eine Rolle spielt.

Als Kaninchen plant, Känga und Ruh aus dem Wald zu vertreiben, sagt es, sie würden Ruh entführen und anschließend zu Känga »*Aha!*« sagen, wenn sie wissen will, wo Ruh ist. »*Aha!*«, so erklärt Kaninchen, »bedeutet: ›Wir werden dir sagen, wo Klein Ruh ist, wenn du uns versprichst, dass du aus dem Wald verschwindest und nie wiederkommst.‹« Pu denkt daraufhin: »Ich frage mich, ob Känga auch üben muss, um es zu verstehen.«

Die Psychologie der sozialen Kompetenz liefert uns eine gute Erklärung dafür, warum Kaninchen für Pus Weisheit taub ist. Doch eine noch bedeutsamere und umfassendere psychologische Erklärung soll bis zur Zusammenfassung am Ende des vorliegenden Büchleins warten.

Trotz seines Unverständnisses probiert Kaninchen

Pus Experiment aus. Natürlich bestätigt es Pus Vorhersage, indem es *nicht* zur Sandkuhle zurückkehrt. Bevor wir uns Pus nächstem Schritt zuwenden, müssen wir obiges Zitat noch einer genaueren Analyse unterziehen. Pus Vorschlag, dass sie vielleicht den Nachhauseweg finden, wenn sie die Sandkuhle suchen, ist natürlich ein simples, konkretes Beispiel für die indirekte Methode, die er in seiner therapeutischen Praxis immer mal wieder anwendet.

*Der glänzende Erfolg
von Pus Behandlung*

Die zartbesaitete Leserin mag das Gefühl beschleichen, dass es nicht nett von Pu ist, Kaninchen allein im Nebel herumirren zu lassen. Eine solche Leserin muss jedoch Vertrauen zu Pus Weisheit haben, und sie kann getrost davon ausgehen, dass Pu weiß, dass nur eine schmerzhafte Erfahrung Kaninchen in die Lage versetzen wird, Tieger nicht länger als Bedrohung wahrzunehmen, sondern als tüchtigen Retter. Pus therapeutischer Erfolg kommt an keiner Stelle deutlicher zum Ausdruck als in den letzten, oben bereits zitierten Zeilen des siebten Kapitels von *Pu baut ein Haus:*

Und das kleine und jammervolle Kaninchen rannte durch den Nebel auf den Lärm zu, und der Lärm verwandelte sich plötzlich in Tieger; einen freundlichen Tieger, einen großartigen Tieger, einen großen und hilfreichen Tieger, der, wenn er überhaupt umhersprang, mit haargenau jener Anmut umhersprang, mit der Tieger umherspringen sollten.

Wieder einmal erweist sich Pu bei der Lösung von Kaninchens Problem als Eklektiker durch und durch. Seine Diagnose von Kaninchens Minderwertigkeitskomplex geht auf Adler zurück. Die Behandlungsmethode bezieht sich eindeutig auf die Verhaltenspsychologie. Die schmerzhafte Erfahrung, sich allein im nebligen Wald zu verirren, löst den Wunsch aus, eine Wiederholung zu vermeiden. Die Rettung durch Tieger führt nicht nur zu einer riesengroßen Erleichterung und Freude, sondern sie koppelt diese Gefühle an Tieger. Das wiederum bewirkt eine kognitive Veränderung in Kaninchens Wahrnehmung von Tieger. Es kann Tieger jetzt als einen freundlichen Retter sehen und nicht mehr als eine extrem ungestüme Bedrohung.

Ebenso wie Pu Kaninchen dazu bringt, Tiegers Ungestüm als ein wunderbares Element seines Naturells zu akzeptieren, so sieht Pu, dass Kaninchens Hauptmanns- oder Kapitänsgebaren keineswegs nur schlecht ist. Ein ausgeglicheneres Kaninchen hat den Waldbewohnern tatsächlich einiges zu bieten. Am Ende von *Pu baut ein Haus* ist es Kaninchen, das anlässlich von Christopher Robins Abschied eine Rissolution organisiert. Es textet eine Notiz, die typisch für seinen Prosastil, aber vom Inhalt und Zweck her gesellschaftlich akzeptabel ist.

Kaninchen setzt sein Organisationstalent nicht nur sinnvoll ein, es ist auch entscheidend daran beteiligt, I-Ah wieder zu sozialem Handeln anzuregen. In einer der erstaunlichsten Umkehrungen in der Geschichte der Psychologie trägt ausgerechnet I-Ah die Rissolution als Gedicht vor, das er selbst geschrieben hat. Das ist sicherlich nicht allein auf Kaninchens Bitte hin geschehen. Wenn wir einen Blick in das vorherige Kapitel werfen, lesen wir, wie Kaninchen I-Ah besucht und eine Art von kognitiver Therapie anwendet, als I-Ah sich über mangelnde Gesellschaft beklagt.

»Es ist deine Schuld, I-Ah. Du hast dir noch nie die Mühe gemacht, einen von uns zu besuchen. Du bleibst hier einfach in deiner Ecke des Waldes und erwartest, dass die andern *dich* besuchen kommen. Warum gehst du nicht manchmal zu *ihnen?*«
I-Ah schwieg und dachte nach.
»Vielleicht hast du gar nicht mal so Unrecht, Kaninchen«, sagte er schließlich. »Ich habe euch vernachlässigt. Ich muss umtriebiger werden. Ich muss kommen und gehen.«

Können wir noch daran zweifeln, dass Kaninchen, das neue, ausgeglichene Kaninchen, praktisch zu Pus Assistenten geworden ist, dass es eine Beraterfunktion übernommen hat?

FALL 5

Elternschaft: Känga und Ruh

Im vorliegenden Fall spielt Pu eine ausgesprochen zurückhaltende Rolle. Da er Känga als rechtmäßigen Elternteil anerkennt, beschränkt er sich überwiegend auf den Part des wohlwollenden Beobachters. Seine Haltung ist für andere Therapeuten eine unausgesprochene Mahnung, sich vor der Versuchung zu hüten, zu starke Kontrolle auszuüben. Anders gesagt: Was Pu nicht tut, ist in therapeutischer Hinsicht genauso wichtig wie das, was er tut.

Känga und Ruh sind das einzige Beispiel für eine Mutter-Kind-Beziehung in Pus Welt. Es ist eine außerordentlich glückliche Beziehung, weil Känga, wie wir bei der genaueren Analyse noch sehen werden, genau das richtige Gleichgewicht zwischen Beschützen und Freiheiten lassen hält.

Känga als Ruhs Mutter liefert natürlich eine Fülle von impliziten Verweisen auf Winnicott. Anders als viele Psychoanalytiker betont Winnicott eher die glückliche Seite der Kindheit als ihre Traumata. Ruh verdankt sein Kindheitsglück hauptsächlich Kängas Klugheit, aber auch, wie nicht anders zu erwarten, der Rolle von Pu Bär. Nehmen wir beides nacheinander in Augenschein.

Spielen und die Realität in Ruhs Entwicklung

Für Winnicott kommt dem Spielen in der kindlichen Entwicklung eine besondere Bedeutung zu. Durch Spielen lernt Ruh eine Reihe lebenswichtiger Lektionen. Zuerst baut es eine liebevolle, aber unabhängige Beziehung zu seiner Mutter auf. Dann erkennt es die äußere Realität. Dann wird es in eine fremde Situation entführt, wo es sich mutig neuen und potenziell beängstigenden Bedingungen stellt. Schließlich findet es glücklich seinen Platz in der bunten Gesellschaft des Waldes.

Das Erste, was wir über Ruh erfahren, ist, dass Känga es »in der Tasche mit sich herumschleppt«. Die besonders enge Beziehung hält auch dann an, wenn Ruh nicht im Beutel seiner Mutter ist. Als Kaninchen seinen Entführungsplan schmiedet, räumt es folgendes Problem ein: »Känga lässt Klein Ruh nie aus den Augen, außer wenn es sicher in ihre Tasche eingeknöpft ist.«

Dies wird reichlich bestätigt, als Kaninchen seinen Plan in die Tat umsetzt. Zusammen mit Ferkel und dem objektiv beobachtenden Pu macht Kaninchen sich auf die Suche nach Känga und Ruh, und als die drei die beiden finden, ist Ruh sehr beschäftigt: »Klein Ruh übte sehr kleine Sprünge im Sand und fiel in Mauselöcher und kletterte wieder heraus ...« Bemerkenswert ist an dieser Stelle, dass Ruh die unabhängige Realität des Sandes und der Mauselöcher erkennt. Dies deutet darauf hin, dass es das Stadium hinter sich hat, in dem sehr kleine Kinder, laut Jean Piaget, sich ihrer selbst noch nicht als von ihrer Umgebung getrennt bewusst sind. Als Ruh in derselben Szene quietscht: »Kuck mal, wie ich springe«, lässt dieses »ich« ein weiteres Stadium der Selbstwahrnehmung erkennen.

Der Text betont wiederholt, wie schwierig es ist, Kängas Aufmerksamkeit von Ruh abzulenken. Das vermag nicht einmal Pu mit einem von ihm selbst verfassten und vorgetragenen Gedicht. Könnte es ein prägnanteres Beispiel für zielgerichtete Konzentration geben?

Ebenso bemerkenswert ist jedoch, dass diese Szene auf einen Schritt in Ruhs Entwicklung hin zu einer relativen Unabhängigkeit verweist. Ruh wird zwar nach wie vor vom wachsamen Auge der Mutter geschützt, doch es spielt munter und ausgelassen, fällt in Mauselöcher und klettert ohne Hilfe und, wie es aussieht, ganz gelassen wieder heraus. Laut Winnicott ist dieses unabhängige, wenn auch beaufsichtigte Spielen nur möglich, weil Ruh früher mit Känga gespielt hat.

Ruhs Selbstvertrauen ist inzwischen so stark, dass es auch dann nicht verängstigt wirkt, als es entführt wird; und kurz darauf spielt es auch schon fröhlich mit seinem Entführer Kaninchen. Nur ein Kind, dem unerschütterliches Selbstbewusstsein vermittelt worden ist, kann auf ein solches Erlebnis so angstfrei und heiter reagieren. Ruhs Verhalten muss die Psychologin Mary Ainsworth im Sinn gehabt haben, als sie den Begriff der »sicheren Basis« prägte, die die Mutter für ihr Kind bilde, und es mag sie durchaus

zu ihrer Untersuchung der kindlichen Reaktion auf die so genannte fremde Situation angeregt haben.
Erneut stellen wir fest, was für eine wichtige Funktion das Spielen für Ruh in seiner überraschenden Beziehung zu Kaninchen einnimmt. Übrigens schließt sich mit John Bowlby (1907–1990) ein weiterer bedeutender Kinderpsychologe der Ansicht von Ainsworth an, indem er konstatiert, dass die Fähigkeit eines Kindes, die vorübergehende Abwesenheit der Mutter zu akzeptieren, darauf schließen lasse, dass es eine wichtige Entwicklungsschwelle überschritten habe.
Dass Känga diese Überzeugung teilt, ist an dieser Stelle auf jeden Fall erwähnenswert.

Natürlich sah Känga sofort, als sie ihren Beutel aufknöpfte, was geschehen war. Nur einen Augenblick lang dachte sie, sie hätte Angst, aber dann wusste sie, dass sie keine Angst hatte, denn sie war sicher, dass Christopher Robin nie zulassen würde, dass Ruh etwas Böses geschähe.

Ihr gelassenes Vertrauen erstreckt sich auch auf Ruhs Gefühlslage. Känga ist sich nicht nur sicher, dass Ruh kein Leid geschieht, sie ist sich offenbar auch sicher, dass es keine furchtbare Angst haben wird. Statt, wie Ferkel befürchtet, mit Wildheit auf die Entführung zu reagieren, macht sie aus der ganzen Geschichte einen Scherz. Für Ferkel ist der Scherz allerdings nicht ganz so lustig, denn Känga tut so, als würde sie nicht merken, dass sie nicht Ruh, sondern Ferkel im Beutel hat, und verpasst dem Ersatzkind wider Willen ein kaltes Bad. Damit nicht genug, sagt sie anschließend, es müsse seine Stärkungsmedizin nehmen, und begründet dies mit den kränkenden Worten: »Du willst doch nicht so klein und schwach werden wie Ferkel, stimmt's?«

Ruhs Entwicklungsschub
während der Expotition zum Nordpohl

Obwohl Ruh zu Beginn der Expotition noch in Kängas Beutel steckt, erfahren wir, nachdem alle ihren Proviant gegessen haben, dass Ruh sich »Gesicht und Pfoten im Bach« wäscht, während »Känga je-

dem stolz erklärte, dass Ruh sich heute zum ersten Mal selbst das Gesicht wusch ...«
Im selben Augenblick fällt Ruh in den Fluss. Diesmal reagiert Känga ängstlich, aber sie zeigt keinerlei Panik. Bemerkenswert ist jedoch vor allem Ruhs Reaktion.

»Seht mal, wie ich schwimme!«, quiekte Ruh mitten in seinem kleinen Teich und wurde einen Wasserfall hinunter und in den nächsten Teich gerissen.

Während die Strömung Ruh von Teich zu Teich wirbelt und alle seine Freunde in großer Hektik gut gemeinte, aber wirkungslose Rettungsversuche unter-

nehmen, ruft Ruh weiter fröhlich: »Seht mal, wie ich schwimme!«

Derjenige, der keine nutzlose Aufgeregtheit verbreitet, ist natürlich Winnie-der-Pu. Scharfsinnig rechnet er sich aus, in welchem Teich Ruh landen wird, und hält zusammen mit Känga einen langen Pfahl über den Teich, »und Ruh, das immer noch stolz ›Seht mal, wie ich schwimmen kann‹ blubberte, trieb gegen den Pfahl und kletterte aus dem Wasser«.

Pus Rolle in Ruhs Reifungsprozess

Bis zu der eben geschilderten Rettung hat Pu für Ruhs Entwicklung eine ungewöhnlich zurückhaltende Rolle gespielt – zurückhaltend, aber nicht ohne Einfluss. Während Kaninchen seinen fremdenfeindlichen Plan schmiedet, gibt sich Pu alles andere als gleichgültig. Seine skeptischen Fragen, die das Scheuklappen tragende Kaninchen gänzlich missversteht, zeigen eindeutig, dass er das ganze

Komplott für töricht und undurchführbar zugleich hält.

Falls Pus Haltung Känga gegenüber zu dezent angedeutet worden sein sollte, so dürfte wohl jede Unklarheit ausgeräumt sein, als wir erfahren, dass Pu »beschlossen hatte, ein Känga zu sein«. Und falls noch immer jemandem die Botschaft entgangen sein sollte, so werden selbst die Letzten förmlich mit der Nase darauf gestoßen, als wir erleben, dass Känga und Pu *gemeinsam* Ruh retten.

Bislang haben wir festgestellt, dass Känga Ruh zunächst die schützende Fürsorge angedeihen lässt, die sein Selbstvertrauen aufbaut. Dieses Selbstvertrauen zeigt sich zum einen in seiner offensichtlich gelassenen Reaktion auf seine Entführung, zum anderen darin, wie es den potenziell beängstigenden Sturz in den Fluss in die triumphierende Erfahrung umwandelt, schwimmen zu können.

Ruh findet seinen Platz in der Gesellschaft

Das letzte Kapitel von *Pu der Bär* veranschaulicht einen weiteren bedeutsamen Schritt in Ruhs Entwicklungsprozess. Wie wir uns erinnern, gibt Christopher Robin in diesem Kapitel aus Anlass von Ferkels Rettung durch Pu eine Party. »Es war die erste Party, auf der Ruh je gewesen war, und Ruh war sehr aufgeregt. Sobald sie alle saßen, begann es zu reden.« Der Reihe nach begrüßt es natürlich die anderen Gäste und bezeichnenderweise zuerst Pu.

Kritiker der Pu-Saga haben den Vorwurf erhoben, sie sei zu realitätsfern. Ein überzeugender Beweis des Gegenteils findet sich gleich nach Ruhs dem Anlass entsprechenden Begrüßungen:

Känga sagte zu Ruh: »Trink zuerst deine Milch aus, mein Schatz, und danach kannst du sprechen, Liebes.« Deshalb versuchte Ruh, das seine Milch trank, zu sagen, dass es beides gleichzeitig könne ... Und danach musste man ihm auf den Rücken klopfen und es musste längere Zeit abgetrocknet werden.

Dieser ausgesprochen natürliche Vorfall und Ruhs späterer Schluckauf machen deutlich, dass nicht einmal eine so fürsorgliche Mutter wie Känga jedes kleine Missgeschick verhindern kann. Und Ruhs Malheur führt uns vor Augen, dass es eben auch nur ein Tier ist. Darüber hinaus sollten Mütter daraus lernen, sich nicht die Schuld dafür zu geben, dass ihre Kinder nicht immer unerreichbaren Perfektionsansprüchen gerecht werden.

Ruh und Tieger

Der profunde psychologische Realismus findet seine Fortsetzung mit Rus Entwicklung in *Pu baut ein Haus*. Als Pu und Ferkel Tieger mit zu Känga nach Hause nehmen, begrüßt Ruh alle drei auf eine Art und Weise, die beweist, dass es nicht nur umgänglich ist und gute Manieren hat. Wenn das große und ungestüme fremde Tier Ruh Angst gemacht hätte, wäre das nicht verwunderlich gewesen. Doch Ruh ist nicht im Geringsten beunruhigt, geschweige denn schüchtern. Interessant ist obendrein, dass Ruh je einmal »Hallo, Pu!« und »Hallo, Ferkel!« sagt, aber zweimal »Hallo, Tieger!«, weil »es das noch nie gesagt hatte und weil es sich komisch anhörte«. Hier manifestiert sich ein wachsendes Sprachbewusstsein, und es ist der erste Beleg für seinen Sinn für Humor.

Zugegeben, Ruhs Humor ist recht rudimentär und basiert auf dem ursprünglichen Gefühl, dass das Unbekannte eigentlich absurd ist. Und genauso komisch findet Ruh die Situation, als Tieger es vor seiner verhassten Stärkungsmedizin bewahrt, indem er sie sich mit einem großen »Hahahaps« selbst einverleibt:

> »Er hat meine Medizin eingenommen, er hat meine Medizin eingenommen!«, sang Ruh glücklich und fand das alles ungeheuer spaßig.

Einen weiteren großen Schritt in seiner Entwicklung macht Ruh in dem Kapitel »Aus welchem hervorgeht, dass Tieger nicht auf Bäume klettern«. Ruh hat zwar schon einige Abenteuer erlebt, aber stets unter Kängas wachsamen Augen. Die einzige Ausnahme ist Ruhs Entführung durch Kaninchen, die ohne ihr Wissen und ohne ihr Einverständnis erfolgte. In dem Beispiel, dem wir uns jetzt widmen wollen, schickt Känga Ruh zusammen mit Tieger los, damit »sie sich einen schönen langen Vormittag im Wald machen und keinen Unfug stiften«.

Wir dürfen keine Sekunde lang vermuten – das würde kein wahrer Ursinologe tun –, dass Känga ihrer mütterlichen Verantwortung überdrüssig ist. Die schlichten Worte des Textes verbieten eine solche

Fehlinterpretation. Die fragliche Passage beginnt wie folgt:

> Nun war es aber so, dass Känga sich an jenem Morgen ziemlich mütterlich gefühlt hatte und Sachen zählen wollte – Ruhs Unterhemden zum Beispiel, und wie viele Stücke Seife übrig waren, und die beiden sauberen Stellen auf Tiegers Nuckelflasche.

Es kann wirklich kein Zweifel daran bestehen, wie obige Zeilen zu deuten sind, erinnern sie uns alle doch zwangsläufig daran, dass die vielschichtige Arbeit einer Mutter stets auch ein nicht unerhebliches administratives Element enthält. Känga begreift außerdem, dass Ruh und Tieger sich nur langweilen würden, wenn sie zu Hause bleiben müssten, während sie damit beschäftigt ist, Sachen zu zählen. Daher drückt sie beiden einen gesunden und leckeren Imbiss in die Pfoten und schickt sie nach draußen, damit sie sich an der frischen Luft nach Herzenslust austoben.

Dass sie Ruh in Tiegers Obhut gibt, ist darüber hinaus ein erfreulicher – wenn auch nicht überraschender – Beweis dafür, dass der Milne'sche Text Bowlbys Erkenntnisse verblüffend präzise vorwegnimmt. Bowlby ist schon viel zu häufig so verstanden worden, als verlange er, dass Mütter rund um die Uhr für ihre Kleinen da sein sollten, eine Interpretation, die wiederum dazu führte, dass berufstätige Mütter und Hortbetreuungen abgelehnt wurden. Die aufmerksame Lektüre von *Pu baut ein Haus* könnte derlei Missverständnisse aus der Welt schaffen. Känga ist nämlich ein anschauliches Beispiel für Bowlbys Empfehlung, Babys und kleine Kinder daran zu gewöhnen, dass sich ab und zu jemand anderes um sie kümmert.

Im vorliegenden Fall hat Känga vielleicht auch das Gefühl, dass Ruh als Ausgleich zu seinem weiblichen Bezugstier zu Hause auch Umgang mit einem männlichen Gefährten haben sollte. Das ist natürlich reine Spekulation, scheint aber nicht unwahrscheinlich.

Ruhs mutige Abenteuerlust

Wieder einmal hat Ruh Spaß bei einem Erlebnis, das ein ängstliches junges Geschöpf normalerweise in Panik versetzen würde und selbst für ein vergleichsweise mutiges kein Zuckerlecken wäre. Als Tieger prahlt, er könne besser auf Bäume klettern als Pu, lässt Ruh sich mir nichts dir nichts darauf ein, auf Tiegers Rücken den Baum zu besteigen. Als ein Ast bricht und beide fast abstürzen, sagt Ruh hoffnungsvoll: »Das war aber hübsch, wie du eben so getan hast, als würden wir plumps-zack-peng runterfallen, und dann sind wir doch nicht runtergefallen. Würdest du das bitte noch mal machen?« Die einzigen Dinge, über die Ruh nicht ganz glücklich ist, sind Tiegers Weigerung, den gespielten Sturz zu wiederholen, sowie seine Weigerung, bis ganz nach oben auf den Baum zu klettern.

Pus innovative therapeutische Technik in der Episode mit dem Baum

Manche Leserinnen und Leser mögen es für unverantwortlich halten, dass Känga ihr kleines Ruh dem freundlichen, aber leichtsinnigen Tieger anvertraut. Denn trotz Tiegers enormer Energie und Ruhs Schneid stecken beide schließlich auf dem Baum fest. Die Kritik ist oberflächlich betrachtet durchaus plausibel, aber gerade diese Art von oberflächlicher Betrachtung ist einem echten Ursinologen suspekt. Wenn wir tiefer forschen, was wir stets tun sollten, sehen wir, dass wir es hier mit einem vorzüglichen Beispiel für die Innovationen zu tun haben, mit denen Pu die psychotherapeutische Methodik bereichert: sein Einsatz von frei gewählten und völlig un-

abhängigen Patientenaktivitäten als therapeutische Maßnahmen.
Wie funktioniert das in der Baum-Episode? Wie profitieren die einzelnen Beteiligten davon? Tieger lernt, wo die Grenzen seiner Leistungsfähigkeit liegen und wie dumm es ist, mit mehr zu prahlen, als man kann. Ohne an Selbstvertrauen zu verlieren oder krankhaft misstrauisch zu werden, lernt Ruh, nicht jede Behauptung für bare Münze zu nehmen. Ferkel lernt erneut, Pus offensichtliche Scherze nicht wörtlich zu nehmen, dass eben keine gefährlichen »Jagulare« auf jedem Ast lauern. Christopher Robin, der zweifellos durch Pus Rettung von Ferkel inspiriert wurde, hat einen genialen Einfall, wie Ruh und Tieger wieder sicher auf die Erde gelangen können. Er bestätigt Känga damit, dass es richtig war, ihm zu vertrauen, und er hat auch selbst mehr Vertrauen zu seiner Fähigkeit, mit der Welt außerhalb des Waldes fertig zu werden, die er schon bald betreten muss. Ferkels Rolle ist zugegebenermaßen kleiner, aber sie lässt bereits die große Rolle erahnen, die es bei der Rettung von Eule und Pu spielen wird. I-Ah gelingt es, seine trübseligen Kommentare und Prognosen in einen nicht unangenehmen Sarkasmus zu kleiden. Dass Pu selbst sich am Ende der Episode in Schweigen hüllt, passt ganz und gar zu

der zurückhaltenden Rolle, mit der er sich in dem Abenteuer begnügt hat.

Leider liegt uns kein direkter Kommentar von Känga vor, aber wir können davon ausgehen, dass sie mit Ruhs Abenteuergeist zufrieden ist, auch wenn sie leicht beunruhigt war. Wenn sie die Arbeit von Mary Ainsworth kennen würde, dann wäre sie froh darüber, dass sie ihrem Kind erfolgreich die »sichere Basis« gegeben hat, die die namhafte Psychologin als so wichtig einstuft.

Darüber hinaus können wir davon ausgehen, dass Känga Tieger auch weiterhin liebevolle Nachsicht entgegenbringt. Anderenfalls wäre er wohl kaum bei Känga zu Hause als bester Freund von Ruh. Als er es in dem Kapitel, in welchem er gestüm gemacht werden soll, satt hat, länger auf die Gestüm-Macher zu warten, geht er nach Hause, also zu Känga, die als Erstes herzlich zu ihm sagt: »So ein braver Tieger. Du kommst gerade rechtzeitig, um deine Stärkungsmedizin zu nehmen.«

... und dann schubsten sich die beiden [Tieger und Ruh] freundlich durch das Zimmer, und Tieger warf aus Versehen einen bis zwei Stühle um, und Ruh warf einen mit Absicht um ...

Das entspannte Spiel der beiden findet offensichtlich Kängas Zustimmung. Es ist unvorstellbar, dass sie einen unerwünschten Besucher oder ein inakzeptables Verhalten tolerieren würde. Selbst als ihr das Herumgetobe von Tieger und Ruh zu viel wird, erteilt sie ihnen keinen Rüffel. Sie macht sich die Energien der beiden einfach zunutze, indem sie sie mit einem Korb zum Tannenzapfensammeln nach draußen schickt.

Als Übung im Sammeln von Tannenzapfen schlägt der Plan fehl. Ruh und Tieger bewerfen sich »mit Tannenzapfen, bis sie vergessen hatten, weshalb sie hergekommen waren, und ließen den Korb unter den Bäumen stehen und gingen zum Abendessen nach Hause«. Und wieder werden sie nicht von Känga getadelt. Wir müssen, so denke ich, daraus folgern, dass sie die beiden Racker eigentlich nur aus dem Haus haben wollte, damit sie sich einmal richtig austoben; ein weiteres Beispiel für die enge, obgleich zuweilen verborgene Kooperation zwischen Känga und Pu. Dem aufmerksamen Ursinologen entgeht natürlich nicht, dass Känga sich hier einer der jüngsten Methoden der modernen Psychotherapie bedient hat. Viele Therapeuten würden Tiegers »Ungestüm« als typisch für das Aufmerksamkeitsdefizit-Syndrom (ADS oder besser bekannt als Hyperaktivität) einstufen. Heutzutage herrscht in Psychologenkreisen die verbreitete Auffassung, dass aktives Spielen in solchen Fällen Wunder bewirken kann und dass es zwecklos ist und das Problem noch verschlimmert, wenn Eltern von dem Kind verlangen, ruhig und still zu sein.

So wie Kaninchens gescheiterter Versuch, Tieger »gestüm« zu machen, seinen Irrtum offen legt, so beweist Kängas Erfolg, dass ihre Methode genau richtig ist. Und natürlich sehen wir auch, dass sie gleichsam als Pus Partnerin fungiert. Wir Ursinologen können daher der modernen Psychotherapie nur dazu gratulieren, dass sie Pus und Kängas Kenntnisstand endlich eingeholt hat.

Ruh und Melanie Klein

Selbst Känga kann nicht garantieren, dass Ruh immerzu glücklich ist. Als Ruh an dem Entdeckungsausflug, auf dem Tieger gestüm gemacht werden soll, teilnehmen will, sagt Känga:

»Heute lieber nicht, Schatz. Ein andermal.«
»Morgen?«, fragte Ruh hoffnungsvoll.
»Wir werden sehen«, sagte Känga.
»Immer wird nur gesehen, und nie passiert was«, sagte Ruh traurig.

Später, als Christopher Robin und Tieger beschließen, nach den verschwundenen Gestüm-Machern zu suchen, versucht Ruh es noch einmal:

»Darf ich sie auch finden?«, fragte Ruh eifrig.
»Ich glaube, heute nicht, mein Schatz«, sagte Känga. »Ein andermal.«
»Wenn sie sich morgen verlaufen, darf ich sie dann finden?«
»Wir werden sehen«, sagte Känga, und Ruh ... wusste, was das bedeutete ...

Wie so oft in den Milne'schen Texten wird auch hier die dunkle Seite auf eine sanfte Art und Weise berücksichtigt, die dem ursprünglichen Zielpublikum Rechnung trägt. So würde Ruh Känga gegenüber niemals Zorn zum Ausdruck bringen, aber bei den beiden obigen Dialogen drängt sich uns der Gedanke an Melanie Klein (1882–1960) geradezu auf. Auch diese unorthodoxe Psychologin maß dem kind-

lichen Spiel besondere Bedeutung zu. Bekannt wurde sie aber eher durch ihre Unterscheidung zwischen der guten und der schlechten Mutter. Dabei handelt es sich nicht um zwei verschiedene Mütter, sondern um die unterschiedliche Wahrnehmung ein und derselben Mutter durch das Kind. Entscheidend für die Wahrnehmung sind allein die Gefühle des Kindes in einem bestimmten Augenblick. Die Mutter ist dann »gut«, wenn sie dem Kind gibt, was es will, und »schlecht«, wenn sie ihm einen Wunsch verwehrt.
Als Känga Ruh den Wunsch verwehrt, bei dem Erkundungsausflug mitzumachen, nähert sie sich in Ruhs Augen der »schlechten Mutter« an, aber nur so weit, wie es der Gesamtkontext erlaubt.

Ruh und Piaget

Wer sich gut in der Entwicklungspsychologie auskennt, wird selbstverständlich mit weiteren Verweisen auf Jean Piaget (1896–1980) rechnen, die Koryphäe auf diesem Gebiet. Die Milne'schen Texte enthalten nämlich in der Tat zahlreiche Beispiele für Piagets Theorien. Piaget unterscheidet sechs Stufen beim Kleinkind. Ruh, obwohl noch jung, hat diese durchlaufen und angenommen. So zeigt es zum Beispiel beim Pu-Stöcke-Spielen eindeutig eine beabsichtigte Handlung (Piagets Stufe 3). In einem früheren Stadium glaubt ein Kleinkind nicht, dass ein Gegenstand existiert, wenn es ihn nicht sieht. Als Ruh erkennt, dass sein Stock wieder auftaucht, begreift es, dass Gegenstände auch dann noch existieren, wenn es sie zeitweilig nicht sehen kann. Ruh hat damit Stufe 4 erreicht. Als es schließlich, nachdem es den Stock auf der einen Seite der Brücke ins Wasser geworfen hat, auf die andere Seite läuft, um zu warten, bis der Stock wieder zum Vorschein kommt, hat es die sechste Stufe erreicht. In einem früheren Stadium hätte es auf der Seite gewartet, wo es den Stock zuletzt gesehen hat, also auf der falschen Seite.

Känga orientiert sich bei Ruhs Erziehung zum großen Teil an Piaget'schen Grundsätzen, und das mit großem Erfolg. Piaget hat die Bedeutung des aktiven Spiels für die kognitive Entwicklung hervorgehoben. Aktives Spielen, so seine These, trägt zur Bildung geistiger Strukturen bei, die für die Herausbildung logischer Strukturen in einem späteren Stadium unerlässlich sind. Man könnte also sagen, dass Ruh, als er und Tieger sich gegenseitig mit Tannenzapfen bewerfen, das Fundament für das Verständnis ballistischer Grundregeln legt.

Känga ist berechtigterweise stolz, als Ruh sich zum

ersten Mal das Gesicht wäscht. Wir wissen aufgrund von Ferkels unangenehmer Erfahrung, dass Känga Ruh jeden Abend badet. Aufgrund der Vertrautheit mit dem Prozess des Gebadetwerdens wäre es nicht überraschend gewesen, wenn Ruh spielerisch so getan hätte, als badete es jemanden oder etwas anderes. Aber sich selbst zu baden und noch dazu in einer völlig fremden Umgebung – nicht in der Badewanne, sondern im Fluss – beweist, dass es nicht nur den Sinn und Zweck des Waschens verstanden hat, sondern auch in der Lage ist, die Reinigung selbst vorzunehmen.

Als Ruh auf Tigers Rücken den Baum hochklettert, sagt es:

>»Das war aber hübsch, wie du eben so getan hast, als würden wir plumps-zack-peng runterfallen, und dann sind wir doch nicht runtergefallen. Würdest du das bitte noch mal machen?«

Damit hat Ruh eindeutig das frühe Stadium hinter sich gelassen, in dem ein Kleinkind lediglich eine lustvolle Erfahrung wiederholt, und befindet sich nun auf einer fortgeschritteneren Stufe: Es erinnert sich (ein kognitiver Akt) an eine Erfahrung und versucht – wenn auch in diesem Fall ohne Erfolg –, sie zu wiederholen.

Nebenbei sei darauf hingewiesen, dass Piagets Bild von den aufeinander folgenden Stufen der geistigen Entwicklung häufig gravierend missverstanden wurde. Seiner Ansicht nach durchläuft ein Kind die Stadien *für gewöhnlich* in bestimmten Altersstufen, aber nicht jedes Kind zur selben Zeit. Für ihn zählte nicht der Zeitpunkt, sondern die Reihenfolge der Stadien. Leider haben sich viele Lehrer eine ausgesprochen starre Vorstellung von der Relation zwischen Alter und Entwicklungsstufe zu eigen gemacht. Die Folge davon ist, dass sie überdurchschnittlich intelligente Kinder aktiv bremsen, nur weil sie geistig weiter entwickelt sind, als es für ihr Alter »normal« wäre.

Zum Glück kennt Känga ihren Piaget gut genug, als dass sie Ruhs kognitive Entwicklung hemmen würde. Am Ende von *Pu baut ein Haus* belegen Shepards Illustrationen, dass Ruh die Stufe erreicht hat, auf der es den Wunsch zu schreiben entwickelt. Nachdem es sich auf der »Rissolution« die Unterschriften von seiner Mutter und Tieger angesehen hat, will es ebenfalls unterschreiben, produziert jedoch nur »SCHMUTZ«.

Milne geht etlichen Problemen geschickt aus dem

Weg, indem er, was Daten und Altersangaben betrifft, ziemlich zurückhaltend ist. Insbesondere im Hinblick auf Ruhs Entwicklung wäre das besonders nützlich. Als wir Ruh kennen lernen, kann es bereits sprechen.

Sein Vokabular ist zwar begrenzt, aber nicht infantil. Seine Syntax ist korrekt, und es kennt bereits die Perfektformen so mancher unregelmäßiger Verben. Als es Tieger erzählt, dass es seit seinem Sturz in den Fluss schwimmen kann, sagt es völlig richtig: »Ich bin in den Fluss gefallen, und dann bin ich geschwommen.« Eine erstaunliche Leistung für einen so kleinen Kerl.

Ruh hat Spaß an neuen Wörtern. Gegen Ende der Pu-Saga beweist Ruh linguistische Kreativität, indem es für neue Situationen neue Wörter erfindet, zum Beispiel als es Eules Badeschwamm (den Känga mit einem Haufen Giftpilze verwechselt hat) als »Schwumm« bezeichnet. Wir dürfen Ruhs originelle Wortschöpfung nicht für einen typisch kindlichen Aussprachefehler halten, denn Milne lässt Ruh unmissverständlich sagen: »Das ist ja gar kein

Schwamm, das ist ein Schwumm! Weißt du, was ein Schwumm ist, Eule?«

Es ist nicht zu übersehen, dass Ruhs Sprachentwicklung mit seinem sonstigen Reifeprozess Hand in Hand geht. Das bestätigt Margaret Donaldsons These, die sie besonders in ihrem Buch *Wie Kinder denken* darlegt, dass nämlich die Sprachentwicklung bei Kindern Teil ihrer allgemeinen geistigen Entwicklung sei und damit nicht länger auf die früher weithin anerkannte Chomsky'sche Theorie eines sich autonom entwickelnden Spracherwerbsapparates zurückgreifen muss.

Es ist daher nur natürlich, dass Ruhs verfeinerter Sprachsinn parallel zu seiner kognitiven und psychischen Entwicklung entsteht. Für Piaget war gerade das Unreife zwangsläufig egozentrisch, was nicht heißen soll, dass es selbstsüchtig in irgendeinem schuldhaften Sinn sei, sondern einfach psychisch unfähig, irgendeinen Standpunkt außer dem eigenen anzuerkennen. Piaget bezeichnet die reifere Fähigkeit, aus sich selbst herauszutreten, als »dezentrieren«. Ruh »dezentriert« mit seiner Reaktion auf Kängas Verbot, an der Suche nach Kaninchen teilzunehmen: Es »ging in eine Ecke und übte ganz allein Sprünge, teils, weil es Sprünge üben wollte, und teils, weil es nicht wollte, dass Christopher Robin und

Tieger dachten, es mache ihm etwas aus, wenn sie ohne Ruh weggingen«. Wir haben hier einen Beleg für eine intelligente Bewusstmachung dessen, was andere vermutlich denken.

Noch ausgereifter ist Ruhs Inszenierung, mit der es seine wahren Gefühle verbergen will. Die Fähigkeit, sich zu verstellen, sogar zu lügen, mag zwar moralisch zweifelhaft sein, aber sie zeugt von einer gewissen mentalen Reife. Denn sie erkennt die unabhängige geistige Realität anderer an, schätzt intelligent ein, was die anderen denken, und kontrolliert die Äußerung eigener Gefühle, um den gewünschten Eindruck zu erzeugen. Viele moderne Psychologen, so zum Beispiel Uta Frith und Simon Baron-Cohen, vertreten die Ansicht, dass die *Unfähigkeit* zu lügen ein Zeichen für Autismus sein könnte.

Ruhs moralische Entwicklung

Das genannte Beispiel macht deutlich, dass zunehmende Reife zwangsläufig mit dem Verlust von Unschuld einhergeht, und es deckt die zutiefst problematische Natur jeder moralischen Entwicklung auf. Die Darstellung von Ruhs moralischer Entwicklung impliziert eindeutig die Berücksichtigung der beiden wichtigsten Positionen zu diesem Thema. Der einen zufolge ist Moral etwas, das man von anderen lernt. Die zweite legt den Schwerpunkt auf den sich im Innern abspielenden moralischen Reifeprozess. Da wir Pu als Eklektiker kennen, können wir davon ausgehen, dass er beiden Schulen die ihnen gebührende Bedeutung zumisst. Und genau das ist tatsächlich der Fall. Ruh ist deshalb ein so anschauliches Beispiel für die kindliche Entwicklung, weil es durch Känga als moralische Lehrerin und Vorbild beeinflusst wird und gleichzeitig selbst eine mentale und moralische Entwicklung durchläuft.

Während unserer ausführlichen Beschäftigung mit Ruh als einem klassischen Beispiel für Entwicklungen in der Kindheit und für Mutter-Kind-Beziehungen sind wir uns Pus positiven Einflusses stets bewusst gewesen. Die ganze Zeit hat er dafür gesorgt, dass niemand zu Schaden kommt, weder physisch noch psychisch. Dennoch hat er seinen Freunden die Freiheit gelassen, ihre Probleme selbständig zu lösen. Mit seinem Respekt vor dem Individuum und seiner Weigerung, unnötig zu intervenieren, ist Pu Bär mehr noch als durch sein umfassendes Wissen und seinen reichen Erfahrungsschatz zum Vorbild für Psychotherapeuten jeder Provenienz geworden.

Piagets Einfluss auf die Entwicklungs- und vor allem

Kinderpsychologie war enorm, obwohl ihm gelegentlich vorgehalten wurde, er habe sich zu sehr auf das Individuum konzentriert und die gesellschaftlichen Einflüsse unterschätzt. Wie auch immer es sich bei Piaget verhielt, für Pu jedenfalls spielt die Sozialpsychologie eine wichtige Rolle, was diese kleine Einführung überzeugend nachgewiesen hat. Auch in diesem Kapitel haben wir gesehen, dass Ruh lernt, wie man mit ganz unterschiedlichen Individuen Freundschaft schließen kann und wie man sich im festlichen Rahmen einer Party benimmt.

FALL 6

Oiles Kommunikationsprobleme

Mancher Leser mag überrascht, ja schockiert feststellen, dass die gelehrte Eule oder Oile, wie sie sich selbst schreibt, offensichtlich ebenfalls eine Therapie benötigt. Sie ist weder hyperaktiv wie Tieger noch depressiv wie I-Ah, sondern wirkt im Grunde genommen ganz zufrieden mit sich.

Doch sie hat ein immer wieder auftretendes Problem: Kommunikationsschwierigkeiten. Wie viele große Gelehrte fällt es ihr oftmals schwer, ihre Weisheit und ihr Wissen in einer Sprache zu vermitteln, die der gewöhnliche Sterbliche verstehen kann. Und genau an diesem Punkt können ihr Pus therapeutische Fähigkeiten helfen. Eules Problem mag sich zwar im Vergleich zu Pus anderen Fälle banal ausnehmen, dennoch erfordert es Pus ganzes Taktgefühl und seine volle psychologische Sachkenntnis. Wie viele gelehrte Köpfe ist auch Eule etwas überempfindlich. Wenn Pu ihr rundheraus sagen würde, sie solle sich klarer ausdrücken, wäre Eule wahrscheinlich empört.

Pus erster Besuch bei Eule

Pu präsentiert sich Eule so, dass er echten Respekt und seine fingierte Rolle als der Bär von sehr wenig Verstand miteinander kombiniert. Wie den meisten Ursinologen bekannt ist, bemerkt Pu, dass I-Ah seinen Schwanz verloren hat, und verspricht ihm daraufhin, diesen wiederzufinden. Sein erster Weg führt ihn in den Hundertsechzig-Morgen-Wald, um Eule um Rat zu fragen.

»Und wenn irgendwer irgendwas über irgendwas weiß«, sagte sich Bär, »dann ist es Eule, die was über was weiß«, sagte er, »oder ich heiße nicht Winnie-der-Pu«, sagte er. »Ich heiße aber so«, fügte er hinzu. »Und das beweist, dass ich Recht habe.«

Als er »Zu den Kastanien« kommt, Eules »Landsitz von großem Zauber, wie man ihn aus der Alten Welt kennt«, entdeckt er unter dem Türklopfer einen Zettel mit der Aufschrift:

BTTE KLNGLN FALS NTWORT RWATET WIRT

Und unter dem Klingelzug hängt ein Zettel mit der Aufschrift:

BTTE KLOPFFN FALS KAINE NTWORT
RWATET WIRT

Wir müssen uns hier nicht mit der sonderbaren Orthographie auf den Zetteln abgeben. Der Text verrät uns, dass Christopher Robin sie geschrieben hat. Interessant ist jedoch, dass der Zettel mit der Bitte zu klingeln unter dem Türklopfer hängt, der Zettel mit der Bitte zu klopfen dagegen unter dem Klingelzug. Eine solche

Konfusion ist typisch für Gelehrte, wenn sie praktische Dinge zu regeln haben. Dies gilt vor allem für solche Gelehrte, die vornehmlich verbal und abstrakt orientiert sind. Nun gibt es wohl niemanden, der stärker verbal und abstrakt orientiert wäre als Eule. Die falsch aufgehängten Zettel sind daher ein Symptom für ihren generellen Mangel an Aufmerksamkeit, die eigentliche Ursache des Problems, das Pu zu lösen hat.
Zunächst jedoch muss er I-Ahs verschwundenen Schwanz wiederfinden. Nachdem er das Problem erläutert hat, fragt er Eule:

> »Könntest du mir also überaus freundlicherweise sagen, wo ich ihn, den Schwanz, für ihn, I-Ah, finden kann?«
> »Nun«, sagte Eule, »in solchen Fällen issst die übliche Verfahrenssssweise wie folgt: ...«
> »Was bedeutet ›übrige Sahnespeise‹?«, sagte Pu. »Denn ich bin ein Bär von sehr wenig Verstand, und lange Wörter jagen mir Angst ein.«
> »Esss bedeutet, wasss zzzu tun issst.«
> »Solange es das bedeutet, habe ich nichts dagegen«, sagte Pu demütig.
> »Wasss zzzu tun issst, issst Folgendes. Zzzuerssst mussssss man eine Belohnung aussssetzzzen. Dann ...«

Erneut fordert Pu eine Vereinfachung. Schließlich sagt Eule: »Wir schreiben einen Zzzettel, auf dem steht, dassssss wir jedem, der I-Ahsss Schwanzzz findet, ein grossssssesss Sowieso geben.«

Hier sei ein kurzer Hinweis erlaubt, wie wunderbar Milne den Handlungsfaden der Suche nach I-Ahs Schwanz mit der ersten Stufe von Pus Arbeit an der Verbesserung von Eules Kommunikationsfähigkeit verknüpft. In dem zitierten Dialog geht es zwar vordergründig um die Suche nach dem verlorenen Schwanz, doch gleichzeitig führt er uns vor Augen, wie Pu Eule lehrt, sich einfacher auszudrücken. Das gelingt ihm, ohne Eule zu kränken, und zwar indem er ihre intellektuelle Überlegenheit akzeptiert und ihr das Gefühl gibt, dass sie sich freundlicherweise auf das beschränkte geistige Niveau des Bären von sehr wenig Verstand herablässt.

Es wäre unrealistisch, von Eule zu erwarten, dass sie bereits nach einer kurzen Therapiesitzung eine lebenslange Gewohnheit aufgibt. Meine Leserinnen und Leser wissen aber hoffentlich inzwischen, dass sich unter der fiktionalen Oberfläche der Pu-Saga ein tiefer Realismus verbirgt. Insofern lesen wir ohne Überraschung, dass Eule augenblicklich einen Rückfall hat: »... Eule sprach immer weiter und benutzte immer längere Wörter, bis sie zum Schluss dorthin

zurückkam, wo sie angefangen hatte ...« Pu, der halb eingedöst ist und schon eine Weile abwechselnd »Ja« und »Nein« sagt, antwortet schließlich »Nein, nicht im Geringsten«, als Eule ihn fragt, ob er die Zettel an ihrer Haustür gesehen habe.
Diese kleine Passage steckt voller Informationen zu Eules Problem. Zunächst müssen wir untersuchen, warum Pu Eule nicht zuhört, und zweitens, was geschieht, nachdem Eules überraschte Frage Pus Aufmerksamkeit wiedererweckt hat. Am wichtigsten ist es jedoch zu überlegen, in welchem Zusammenhang diese Fragen mit Pus Behandlung von Eule stehen.

Kommunikation, Aufmerksamkeit und soziale Kompetenz

Der nahe liegendste Grund für Pus schläfrige Unaufmerksamkeit ist Langeweile. Nichts ist langweiliger als jemand, der ohne Punkt und Komma auf einen einredet und immer längere Wörter benutzt, ohne irgendetwas Interessantes oder Wichtiges zu sagen. Als Therapeut hat Pu natürlich Erfahrung mit derlei Monologen und weiß, dass kein Ende abzusehen ist. Möglich ist auch, dass er sich einfach nur ausruhen will, um für die bevorstehende Aufgabe Kraft zu sammeln.

Es gibt jedoch noch einen weiteren Grund. Als Eule vorschlägt, als Belohnung für den Finder von I-Ahs Schwanz »ein großes Sowieso« auszusetzen, fällt Pu ein, dass er um diese Zeit am Vormittag für gewöhnlich »ein kleines Sowieso« zu sich nimmt. Als Wink mit dem Zaunpfahl blickt er wehmütig Eules Schrank an und murmelt: »... nur einen Mund voll Dosenmilch oder sonst was, vielleicht mit einer Idee Honig ...« Doch Eule geht über diese deutlichen Signale hinweg und spricht unbeirrt weiter.

Wie lässt sich Eules Verhalten erklären? Es finden sich im Text nur wenige Beispiele dafür, dass sie aktiv gesellschaftliche Kontakte pflegt. Allerdings hat sie gegen Besuch nichts einzuwenden, was die Zettel draußen an ihrer Tür beweisen. Außerdem begrüßt sie Pu freundlich. Sie lebt zwar ziemlich zurückgezogen, ist aber alles andere als ungastlich. Wir müssen also nach einer anderen Erklärung suchen und werden bei dem Sozialpsychologen Michael Argyle fündig. Trotz ihres guten Willens fehlt es Eule nämlich an sozialer Kompetenz.

Argyle hat zahlreiche Bücher über soziale Kompetenz herausgegeben, einige für die Wissenschaft, andere für die Allgemeinheit. Die Fähigkeit, Sprache an die jeweiligen Gegebenheiten anzupassen, ist, wie wir soeben gesehen haben, eine der wichtigsten Fertigkeiten, die Pu Eule beibringen muss. Deutlich wurde auch, dass Eule unfähig ist, angemessen auf Pus Körpersprache zu reagieren. Körpersprache ist in allen sozialen Situationen immens wichtig. Und in diesem Zusammenhang sind Shepards Illustrationen besonders aufschlussreich.

Das erste gemeinsame Bild von Eule und Pu könnte allerdings leicht fehlgedeutet werden. Eules finsterer Blick wirkt so, als wäre sie verärgert, weil Pu offensichtlich gerade einnickt. Bei näherem Hinsehen erkennt man jedoch, dass sie Pu gar nicht anschaut. Ihre Stirnfalten sind ein Zeichen dafür, dass sie sich intensiv auf ihren Vortrag konzentriert. Die Illustration verdeutlicht, dass Eule einen Hang zu Vorträgen hat und dass Gespräche ihre Sache nicht sind. Doch auch Redner sollten natürlich ihr Publikum wahrnehmen, was leider häufig nicht der Fall ist.

Soziale Kompetenz lässt bei zurückgezogen lebenden Gelehrten wie Eule oft zu wünschen übrig. Zu sozialer Kompetenz gehört natürlich Kommunikationsfähigkeit und die Wahrnehmung dessen, was um einen herum geschieht. Wenn Eule mehr auf Pus Körpersprache geachtet hätte, wäre ihr sein sehnsüchtiger Blick in Richtung Schrank aufgefallen. Sie hätte verstanden, dass der Bär sein »kleines Sowieso« nicht bloß als Information erwähnt hat, sondern dass es sich dabei um eine höflich formulierte Aufforderung gehandelt hat, eine kleine Erfrischung zu reichen. Und sie hätte ebenfalls begriffen, warum Pu einen tiefen Seufzer ausgestoßen hat, als seine Andeutungen nichts fruchteten.

Sobald Eule Pus Aufmerksamkeit wiedergewonnen hat, geht sie mit ihm vors Haus, damit er sich die Zettel, den Türklopfer und den Klingelzug ansieht. Wir wissen, dass Pu die Zettel bereits bei seiner Ankunft gelesen hat. Wir wissen auch, dass er sowohl den Türklopfer als auch den Klingelzug benutzt hat. Doch die Objekte selbst hat er nicht so genau in Augenschein genommen, da er zu sehr auf ihre Funktion geachtet hat. Jetzt holt er das nach. Und er erkennt in dem Klingelzug I-Ahs verschwundenen Schwanz. Eules Schilderung, woher sie den Klingelzug hat, erhärtet dann den Verdacht, dass sie ihre

Umwelt nicht richtig wahrnimmt. Ihre Distanz zu den Banalitäten des alltäglichen Lebens wird zusätzlich verdeutlicht, als Eule kommentarlos hinnimmt, dass Pu den Schwanz nach einer kurzen Erklärung des Sachverhalts abmontiert und ihn I-Ah zurückbringt.

In der betreffenden Situation ist ihre Distanziertheit zwar ganz vorteilhaft, aber sie muss Pu deutlich zu Bewusstsein gebracht haben, dass es keine leichte Aufgabe sein wird, Eule all die verschiedenen Aspekte sozialer Kompetenz zu vermitteln. Da jedoch dringendere Fälle zwischendurch immer wieder seine unmittelbare Aufmerksamkeit verlangen, bleibt es nicht aus, dass Eule nur sporadisch Fortschritte macht, wie die »Expotition zum Nordpohl« zeigt, mit der wir uns im Folgenden befassen.

Eule auf der Expotition zum Nordpohl

Ihre ersten Äußerungen zu Beginn der Expotition sind für ihre Verhältnisse bewundernswert kurz, ja sogar einsilbig: »Wird'sss bald?«, und: »Pssssst!« Im Hinblick auf soziale Kompetenz könnte man sie für unnötig und sogar unverschämt halten. Eine ähnliche Kritik betrifft ihre recht herablassende Art, sich einzumischen, als Pu Ferkel eine Frage zuflüstert.

»Mein lieber Pu«, sagt Eule in ihrer überlegenen Art, »weißßßt du etwa nicht, wasss ein Hinterhalt isssst?« Das für gewöhnlich unterwürfige Ferkel ist über die Unterbrechung so empört, dass es protestiert:

> »Eule«, sagte Ferkel und sah sich ernst nach ihr um, »Pus Geflüster war ein streng vertrauliches Geflüster, und es bestand kein Grund ...«

Unbeeindruckt von diesem Tadel fährt Eule fort und erklärt, dass ein Hinterhalt »eine Art Überraschung« sei, »wenn sich plötzzzlich Leute auf einen stürzzzen«. Wir müssen einsehen, dass ihre soziale Kompetenz noch immer nicht ausreicht, um ihren akademischen Drang zu bremsen, andere zu belehren, selbst wenn die Situation unangemessen ist. Allerdings spricht sie in verständlichen Worten und in einfachen Sätzen. Pus Einfluss macht sich bereits bemerkbar. Doch kurz darauf kommt es, als Ruh in den Fluss fällt, zu einem kleinen Rückfall:

> ... Eule erklärte, dass es in einem Fall unvermittelten und vorübergehenden Eintauchens ins Wasser von größter Wichtigkeit sei, den Kopf über demselben zu halten ...

Die entscheidenden Worte »den Kopf über demselben zu halten«, also über dem Wasser, sind zwar durchaus leicht verständlich, doch ihre Aussagekraft wird durch die vorausgegangene komplizierte Formulierung geschmälert. Von einem »Fall« zu sprechen, macht das Ganze abstrakt und unpersönlich, und »ein Fall unvermittelten und vorübergehenden Eintauchens« nimmt der Situation die Dringlichkeit. Aber vielleicht ist ja gerade die drohende Gefahr daran Schuld, dass Eule die neu erworbene Klarheit vergisst und wie gewohnt vielsilbige Wörter verwendet.

Auf der Expotition begegnen wir Eule nur noch ein einziges Mal, aber in einer besonders wichtigen Situation. Ganz am Ende hat Christopher Robin ein Schild aufgestellt, das der Nachwelt überliefern soll, dass Winnie-der-Pu den Nordpohl entdeckt hat. Eule steht hinten in der Gruppe applaudierender Freunde, wie Shepards Illustration zeigt, und hat die Flügel ausgebreitet, wahrscheinlich weil sie mit ihnen schlägt, also klatscht. Es ist schön zu sehen, dass sie auch einer wissenschaftlichen Entdeckung, die sich stark von ihrem Fachgebiet unterscheidet, Anerkennung zollen kann.

Eules Fortschritte

Das nächste Mal taucht Eule auf, als die große Überschwemmung Ferkel von der Außenwelt abschneidet. Wir erinnern uns, dass Ferkel überlegt, wie seine Freunde wohl mit der Gefahr umgehen, und sich beruhigend sagt, dass Eule durch Fliegen entkommen könne. Es ist höchst aufschlussreich, dass Eule zwar tatsächlich fliegt, als sie auf der Bildfläche erscheint, aber nicht, um dem Wasser zu entgehen. Im Text heißt es unmissverständlich: »... Eule [kam] über das Wasser geflogen, um ›Wie geht esss dir?‹ zu ihrem Freund Christopher Robin zu sagen.« Wir sehen uns also darin bestätigt, dass Eule trotz ihrer üblichen Zurückgezogenheit durchaus auch gesellige Seiten hat.

Aus dieser kurzen Passage erfahren wir, dass Eule Christopher Robin als ihren Freund betrachtet und dass sie ihm ungeachtet des schlechten Wetters einen Besuch abstattet. Das sich anschließende Gespräch belegt zum einen, dass es Pu gelungen ist, Eules Sprache drastisch zu vereinfachen, zum anderen, dass sie jedoch nach wie vor dazu neigt, einfache Sachverhalte mit langen Wörtern auszudrücken. Aber alles in allem können wir konstatieren, dass Eule gehörige Fortschritte gemacht hat. Zwar formuliert sie zunächst alles wie gewohnt kompliziert, paraphrasiert es aber sogleich mit einfacheren Worten. So wird aus »Die atmosssphärischen Konditzzzionen waren in letzzzter Zzzeit sehr ungünssstig« schlicht und ergreifend: »Esss hat geregnet.« Aufschlussreich ist der Auslöser für diese Vereinfachungen. In jedem Fall ist es eine Frage von Christopher Robin, die signalisiert, dass er Eules erste Aussage nicht verstanden hat. Das heißt also, dass Eule sich der Verständnisbarrieren ihres Zuhörers bewusst wird und ihre Sprache entsprechend abändert. Die sprachliche Anpassung an ihr Gegenüber ist ein Zeichen dafür, dass sich ihre soziale Kompetenz verbessert hat.

Eules letzter Auftritt während der Überschwemmung hinterlässt einen ambivalenten Eindruck. Während Ferkel auf seine Rettung wartet, kommt Eule herbeigeflogen und setzt sich auf einen Ast des Baumes, »um es [Ferkel] zu trösten und ihm eine sehr lange

Geschichte über eine Tante [zu erzählen], die aus Versehen ein Möwenei gelegt habe ...« Wir dürfen nicht an Eules guten Absichten zweifeln: Sie setzt sich auf einen Ast, um Ferkel zu *trösten* (Hervorhebung von mir). Offenbar hofft sie, Ferkel von seiner Furcht ablenken zu können. Bewirken tut sie allerdings etwas anderes: Sie bringt Ferkel in Lebensgefahr, weil es durch ihre Geschichte einschläft und um ein Haar aus dem Fenster ins Wasser rutscht. Allerdings sollten wir nicht vergessen, dass Ferkel in seinem Zustand nicht gerade aufnahmefähig ist. Es schwankt zwischen Bangen und Hoffen, da ist es kein Wunder, dass selbst die unterhaltsamsten Geschichten bei ihm ihre Wirkung verfehlen. Eule ist wieder mal felsenfest davon überzeugt, dass Anekdoten über ihre Verwandten für andere notwendigerweise interessant sein müssen. Doch sie bemüht sich wenigstens um lebensnahe Themen und verzichtet auf abgehobene Gelehrtenvorträge. Außerdem benutzt sie, soweit wir dies sagen können, eine recht einfache Sprache.

Eule und die Party für Pu

In einem so komplex strukturierten Werk wie *Pu der Bär* müssen wir Eules nächstem Erscheinen gegen Ende des Bandes große Bedeutung beimessen. Es erfolgt in einem besonders geselligen Zusammenhang. Christopher Robin ruft Eule mit einem speziellen Pfiff zu sich und sagt ihr, dass er zu Ehren von Pu, der Ferkel vor der Überschwemmung gerettet hat, eine Party veranstalten wird. Er bittet Eule, zu Pu und allen anderen zu fliegen und sie zu der Party einzuladen. So begrenzt Christopher Robins Intellekt auch sein mag, an seiner sozialen Kompetenz kann kein Zweifel bestehen. Dass er ausgerechnet Eule als seine Einladungsüberbringerin auserwählt, beweist unbestreitbar, dass sich Eules Kommunikationsfähigkeit und soziale Kompetenz deutlich verbessert haben.

Dass dem so ist, geht auch aus einem Satz am Ende von Eules Gespräch mit Christopher Robin hervor, ein Satz, der nur allzu leicht missverstanden wird: »Eule dachte über einen möglichst klugen Spruch nach, aber da ihr keiner einfiel, flog sie los, um den anderen Bescheid zu sagen.« Bei einem Fall wie diesem bin ich mitunter geneigt, an der menschlichen Intelligenz zu zweifeln: Wenn nämlich der Genuss, der sich bei der immer wieder neuen Lektüre der Milne'schen Texte einstellt, vorübergehend durch die Erkenntnis zunichte gemacht wird, wie eklatant falsch diese Werke verstanden wurden.

Unglaublich, aber wahr ist, dass manche Leute, die sich als echte Pu-Fans bezeichnen, obigen von mir

zitierten Satz negativ auslegen. Sie behaupten, Eule wolle sich mit irgendetwas tief Schürfendem wichtig machen, und da ihr das misslingt, fliegt sie davon. In Wahrheit erkennt sie jedoch, dass sie, wenn es nichts Wichtiges zu sagen gibt, besser gar nichts sagt – was für ein Fortschritt zu ihrem ersten Auftreten, als sie den geduldigen Pu Bär fast unerträglich langweilte!
Auf der eigentlichen Party verbessert Eule ihre soziale Kompetenz dann noch weiter. Als Ruh, das zum ersten Mal auf einer Party ist, »Hallo, Eule!« sagt, erwidert Eule: »Hallo, mein Kleinesss«, und zwar in *freundlicher* Weise. Anschließend erzählt sie »Christopher Robin weiter über den Unfall, der beinahe einem ihrer Bekannten zugestoßen wäre, den Christopher Robin nicht kannte«. Vielleicht nicht gerade die fesselndste Unterhaltung, aber offensichtlich ist ihr klar geworden, dass man sich auf Partys unterhalten sollte.

Kein Fortschritt ohne Höhen und Tiefen

Das nächste Mal begegnen wir Eule im dritten Kapitel von *Pu baut ein Haus* bei der »Nachforschung« nach Klein Ruh wieder. Wie die Illustration zu Beginn des Kapitels beweist, beteiligt sich Eule mit einem Aufklärungsflug an der Nachforschung. Außerdem

gibt Kaninchen, das die Nachforschung selbstverständlich organisiert, Pu den Auftrag, an einer bestimmten Stelle nach Klein Ruh zu suchen und sich anschließend mit ihm, Kaninchen, an Eules Haus zu treffen. Man kann also durchaus sagen, dass Eule eine aktive Rolle bei der Suche übernimmt.
Eine Schwäche, die man häufig bei denjenigen findet, die in dem Ruf stehen, über ein umfassendes Wissen zu verfügen, ist die, nur sehr ungern zuzugeben, etwas nicht zu wissen. Und manchmal gewinnt die Eitelkeit des Gelehrten leider die Oberhand über seine Gewissenhaftigkeit. Eule legt diese Schwäche an den Tag, als Kaninchen sie im fünften Kapitel bittet, die seltsame Nachricht zu entschlüsseln, die es auf dem Boden vor Christopher Robins Tür, von der sie offenbar abgefallen ist, gefunden hat. Zuerst deutet Eule die Nachricht

> WEGEGANG
> BALZRÜCK
> HAPPZUTUHN
> BALZRÜCK
> C. R.

durchaus nachvollziehbar so, dass Christopher Robin mit Balzrück irgendwohin gegangen ist und

dass die beiden beschäftigt sind.
Doch dann hält sie Balzrück für
ein bestimmtes Tier. Als Kaninchen fragt, wie Balzrücks aussehen, macht Eule Ausflüchte,
ehe sie offen zugibt: »... Ich
weißßß nicht, wie sie aussssehen.«

Eule beweist wahre soziale Kompetenz

Es freut mich, darauf hinweisen zu dürfen, dass Eule bei ihrem nächsten Erscheinen zeigt, was sie gelernt hat. Pu und Ferkel sind auf dem Weg zu einem »Ordentlichen Tee bei Eule«. Sie schauen vorher bei I-Ah vorbei, der ihnen mitteilt, Eule sei vor ein oder zwei Tagen vorbeigeflogen und habe ihn »bemerkt. Nicht, dass sie etwas gesagt hätte, weit gefehlt, aber sie wusste, dass ich es war. Sehr freundlich von ihr, dachte ich. Ermutigend.« Dieser kleine Vorfall beweist vielleicht noch nicht unbedingt, dass Eule in Sachen soziale Kompetenz Riesenfortschritte gemacht hat, aber wir müssen sie mit I-Ahs Augen sehen und deuten. Entscheidend ist nämlich, dass I-Ah Eules Verhalten als eindeutiges Zeichen von Freundschaft interpretiert. Auch wenn wir in dieser Hinsicht noch skeptisch sind, außer Zweifel steht jedenfalls, wie Pus und Ferkels Absicht zu verstehen ist, bei Eule einen Ordentlichen Tee zu trinken. Dies wäre sinnlos, wenn sie nicht auch allen Grund hätten, einen anständigen Tee bei Eule zu erwarten. Derlei Erwartungen können sich nur auf zweierlei stützen: eine Einladung zum Tee oder die Erfahrung, zuvor bei einem spontanen Besuch einen guten Tee serviert bekommen zu haben.

Wir werden nicht lange auf die Folter gespannt. Dass die beiden spontane Besucher sind und keine geladenen Gäste, geht aus den ersten Worten bei ihrem Eintreffen hervor: »›Hallo, Eule‹, sagte Pu. ›Ich hoffe, wir kommen nicht zu spät zum ... Ich meine: Wie geht's, Eule? Ferkel und ich wollten dich gerade besuchen, weil Donnerstag ist.‹« Höflicherweise bremst Pu sich, bevor ihm das Wort Tee über die Lippen kommt. Eule begrüßt ihre Gäste herzlich, und sie nehmen Platz, um gleich darauf, wie bei solchen Besuchen üblich, zum Aufwärmen erst einmal über das Wetter zu sprechen.

Eule verbindet nun in ihren Gesprächsbeiträgen Klarheit mit einem gewissen Hauch von Gelehrsamkeit. Sie hat inzwischen den goldenen Mittelweg zwischen übermäßiger Intellektualität und für sie untypischer Kürze entdeckt. Sie hat das, was Pu ihr über Kommunikation beigebracht hat, wirklich verinnerlicht. Und auch wenn ihr gelegentlich eine

ungewöhnliche Formulierung entfleucht, so überfordert sie ihr Gegenüber jedoch keineswegs.

Der Sturm, der draußen tobt, wird immer heftiger und weht plötzlich Eules Haus um. Das Teegeschirr, das, wie in Shepards Abbildung zu sehen, durch die Gegend fliegt, legt die Vermutung nahe, dass Eules Tisch für mehrere Personen gedeckt war. Pus Hoffnungen auf einen Ordentlichen Tee haben sich also erfüllt, obwohl der eigentliche Genuss verschoben wird.

Eule ist verständlicherweise über die gewaltsame Zertrümmerung ihres zauberhaften Landsitzes »Zu den Kastanien« völlig bestürzt, und zwar so sehr, dass sie zunächst ihre sonst allgegenwärtige Rationalität verliert und Pu verdächtigt, an dem Chaos Schuld zu sein. Ferkel entkräftet diesen absurden

Vorwurf, und Eule gewinnt rasch ihren Realitätssinn zurück. Als Ferkel wissen will, wie sie hinauskommen sollen, wo doch der Sturmschaden die Haustür blockiert, erwidert Eule: »Dasss issst dasss Problem, Ferkel, welchesss in seinem Kopf zzu bewegen ich Pu freundlichssst ersuche.«

Ihr Vertrauen wird gleich darauf belohnt. Pu verkündet einen Plan, mit dem er sich Eules Lob, er sei »ein autarker und hilfreicher Bär« ganz und gar verdient. Dabei handelt es sich wohl um die korrekteste Einschätzung von Winnie-dem-Pu, die von irgendeiner Figur in der ganzen Pu-Saga geäußert wird. Es ist überaus angemessen, dass sie ausgerechnet von Eule stammt, womit sie ihrem Ruf als eine, »die Sachen weiß«, wieder einmal gerecht wird.

Wie klug Pus Plan ist und wie tapfer Ferkel ihn in die Tat umsetzt, ist bereits im Kapitel über Ferkel dargelegt worden. Abschließend muss zu diesem bemerkenswerten Vorfall nur noch gesagt werden, dass Eule, sobald Ferkel fort ist, seelenruhig zur Unterhaltung von Pu, ihrem einzigen noch verbliebenen Gast, die durch den Einsturz ihres Baumhauses unterbrochene Geschichte über ihren Onkel Robert zu Ende erzählt. Ein weiteres Beispiel dafür, wie viel Vergnügen es ihr bereitet, über ihre Verwandtschaft zu plaudern.

*Die übrigen Waldbewohner
kommen Eule zu Hilfe*

Wer noch den geringsten Zweifel hegen sollte, dass die gelehrte Eule bei den übrigen Waldbewohnern höchstes Ansehen genießt, wird eines Besseren belehrt, wenn er liest, dass alle außer I-Ah zur Stelle sind, um Eules Habseligkeiten aus ihrem alten Haus herauszuholen, »damit alles bereit war, wenn es in ihr neues Haus geschafft werden sollte«. Wie wir gleich sehen werden, spielt I-Ah dabei eine ganz besondere Rolle. Derweil verraten Eules eigenen Worte sowohl die häusliche Verwirrung, die traditionellerweise mit allein stehenden Gelehrten in Verbindung gebracht wird, als auch, dass sie ihren Lebensstil gereizt verteidigt.

Als Känga, die zweifelsohne eine perfekte Hausfrau ist, angesichts eines schmutzigen alten Geschirrtuchs und eines Teppichs voller Löcher meint, Eule brauche beides ja wohl nicht mehr, ruft Eule entrüstet zurück: »Allerdingsss brauche ich den noch! Man mussssss nur die Möbel richtig anordnen, und außßßerdem isst dasss kein Geschirrtuch, sondern mein Schal.«

Känga wird ein wenig nervös, weil sie Ruh nicht im Auge behalten kann.

Deshalb verkrachte sie sich mit Eule und sagte, ihr Haus sei eine Schande, völlig feucht und verdreckt, und es sei höchste Zeit gewesen, dass es eingestürzt sei. »Sieh dir doch allein schon mal diesen grässlichen Haufen Giftpilze an, der dort in der Ecke wuchert!« Also sah Eule zu Boden, ein wenig verwundert, weil sie nichts davon gewusst hatte, und stieß dann ein kurzes sarkastisches Lachen aus und erklärte, dies sei ihr Schwamm.

Es ist durchaus verständlich, dass Eule ein wenig gereizt ist, denn ein Umzug bedeutet immer Stress. Zum Glück bessert sich ihre Laune bald wieder, als Ruh Eules Schwamm als Schwumm bezeichnet und Pu danach ein neues Lied über Ferkels heldenhafte Rettung von Pu und Eule vorträgt. Dann zeigt Eule das Brett, auf das sie den Namen ihres neuen Hauses gemalt hat: DAS GEOILE. Und Christopher Robin sagt: »... jetzt braucht sie nur noch das Haus.« Das Problem wird gelöst, als der Deus ex Machina in der für alle überraschenden Gestalt von I-Ah erscheint. I-Ah verkündet, dass er das gesuchte Haus gefunden hat, und schlägt vor, es Christopher Robin zu zeigen. Interessant ist an dieser Stelle Eules Verhalten. Als Kaninchen Eule drängt, I-Ah und Christopher

Robin zu folgen, sagte Eule: »Nur einen winzzzigen Moment noch ...«, und hebt ihr Schild auf.

Selbst in dieser aufregenden Situation, in der es in erster Linie um sie geht, bewahrt sie ihren Gelehrtenblick für das geschriebene Wort. Als sie das Schild genauer betrachtet, muss sie zu ihrem großen Verdruss feststellen, das die neue Adresse nunmehr DAS GESCHMIER lautet. Sie hüstelt »I-Ah ernst an«, denn es war I-Ah, der DAS GESCHMIER aus DAS GEOILE gemacht hatte, denn er hatte sich auf das Schild gesetzt, als die Farbe noch frisch war. Früher hätte Eule ihn dafür scharf getadelt. Jetzt jedoch sieht sie ein, dass es unfreundlich und unangemessen wäre, I-Ahs Gefühle zu verletzen, wo er ihr doch eben erst eine große Gefälligkeit erwiesen hat. Deshalb hält sie sich zurück.

Gewiss ist Pu entzückt über diesen Beweis, dass es ihm gelungen ist, Eules soziale Kompetenz zu verbessern.

Vielen von uns ist nicht entgangen, dass Eule in dieser Episode das allerletzte Mal auftritt. Wir können wohl davon ausgehen, dass sie ihren Freunden folgt, um sich ihr neues Haus anzusehen. Der Text liefert jedoch keinen Beleg dafür. Am Ziel angekommen, befinden I-Ah und Ferkel übereinstimmend, dass es »genau das richtige Haus für Eule« ist. An dieser

Stelle wäre natürlich ein Kommentar von Eule zu erwarten, doch es sind wieder I-Ah und Ferkel, die über Eule in der dritten Person sprechen. In der gesamten Szene spricht niemand Eule direkt an.
Wie ist das zu erklären? Ist Eule so erbost über ihr verschmiertes Schild, dass sie keine Lust auf die anderen hat? So eingeschnappt zu sein wäre mit ihrem Charakter völlig unvereinbar. Es würde zudem bedeuten, dass Pus Therapie katastrophal gescheitert wäre, was undenkbar ist. Hält sie es einfach für unwahrscheinlich, dass I-Ah ein guter Haus-Finder ist? Durchaus denkbar. Ihre Skepsis erweist sich ja dann auch als berechtigt, denn wie sich herausstellt, gehört das Haus, das I-Ah gefunden hat, Ferkel. Doch wenn Eule I-Ahs Vorschlag rundheraus ignorieren würde, wäre dies ein krass undankbares Verhalten. Wir müssen der Sache weiter auf den Grund gehen.
Sämtliche Figuren in der Pu-Saga kommen uns absolut lebensecht vor, und so vergessen wir zuweilen, dass alles, was wir über sie wissen, aus den überlieferten Texten stammt. Zudem sollten wir in Erinnerung behalten, dass der Überlieferer ein Meister der Erzählkunst war. Ein wichtiges Element dieser Kunst ist es, die Aufmerksamkeit der Leser jeweils auf das zu lenken, was gerade am wichtigsten ist. Selbstver-

ständlich müssen zu diesem Zweck mitunter Informationen wegfallen, die vom Wesentlichen ablenken könnten, auch wenn sie noch so interessant wären.
Was also ist in der betreffenden Szene so überaus wichtig? Zweierlei: Ferkels edle Geste, auf sein geliebtes Haus zu verzichten und es Eule zu überlassen, und der erlesene Lohn, den Ferkel dafür erhält. Als Christopher Robin nämlich Ferkel fragt: »Was würdest du tun, wenn dein Haus umgeweht worden wäre?«, antwortet Pu an seiner Stelle: »Ferkel würde zu mir ziehen ... oder nicht, Ferkel?«
Angesichts dieses erhebenden Augenblicks in Ferkels Leben muss Eules Umzug in den Hintergrund treten. Nun, da uns Eules vermeintliche Abwesenheit nicht mehr irritiert, erkennen wir ein weiteres Beispiel für Milnes meisterliche Erzählkunst. Er hat uns schließlich bereits in der Kapitelüberschrift verraten, dass Eule in das Geoile einzieht, das I-Ah gefunden hat. Damit hat er uns alles gesagt, was wir wissen müssen, und es unterlassen, uns mit überflüssigen Informationen abzulenken. In einem Kapitel, in dem es vor allen Dingen um Eule geht, fasse ich dieses Schweigen als eine indirekte Anspielung auf Eules Fortschritte auf. Ich hoffe, es wirkt nicht übertrieben spitzfindig oder an den Haaren herbeigezogen, wenn ich sage, dass sich in den hier erörterten Formen des

Schweigens die Fortschritte unmittelbar niederschlagen, die Eule gemacht hat.

Die einst so wortreiche Eule hat gelernt, ohne Umschweife zur Sache zu kommen. Sie hat auch gelernt, wann vielsilbige Wörter angemessen sind und wann ein möglichst einfaches Vokabular erforderlich ist. Zu ihrer sozialen Kompetenz gehören nun Gastfreundschaft und taktvolles Schweigen. Ein weiterer Triumph für den Supertherapeuten Winnie-den-Pu.

FALL 7

I-Ah: ein Fall von klinischer Depression

I-Ahs Transformation

Als wir I-Ah das erste Mal in seinem »Düsternis« genannten Winkel des Waldes begegnen, ist er mutterseelenallein und hängt seinen düsteren Gedanken nach, bis Pu herangestapft kommt und ihn fragt: »Und wie geht es dir?«, woraufhin I-Ah erwidert: »Nicht sehr wie ... Mir scheint es schon seit längerer Zeit überhaupt nicht mehr gegangen zu sein.«

Doch am Ende der Pu-Saga ist es I-Ah, der anlässlich des Abschieds von Christopher Robin eine »Rissolution« einbringt und noch dazu ein selbst geschriebenes Gedicht vorträgt. Wie ist diese bemerkenswerte Transformation möglich? Wie kommt es, dass der einsame und trübsinnige I-Ah sich am Ende in den Mittelpunkt stellt und in einem so bedeutsamen Augenblick im Leben der Waldbewohner die zentrale Rolle spielt?

Erste Annäherungen an I-Ah

Der Anfang der Psychologie als eigenständige Wissenschaft wird gemeinhin auf das Jahr 1879 datiert, als Wilhelm Wundt (1832–1920) sein Laboratorium für experimentelle Psychologie gründete. Er und sein amerikanischer Schüler Edward Titchener entwickelten die Methode der sorgfältig geschulten Introspektion. Das Bewusstsein wird in eine gewaltige Zahl von elementaren Sinneseindrücken zerlegt – laut Titchener über 46 708. Dem widersprachen in der ersten Hälfte des zwanzigsten Jahrhunderts die führenden Vertreter der Gestaltpsychologie, Max Wertheimer, Wolfgang Kohler und Kurt Koffka. Ihrer Theorie nach nehmen wir die Realität nicht als Elemente, sondern als »Ganze« wahr, und zwar als Ganze, die Muster bilden. Darauf spielt I-Ah im fünften Kapitel von *Pu baut ein Haus* unmissverständlich an:

> I-Ah hatte drei Stöcke auf dem Boden liegen ... Zwei Stöcke berührten sich am einen Ende, aber nicht am anderen, und der dritte Stock war quer darüber gelegt.

Für die meisten Leute, so erklärt I-Ah – vielleicht eine Anspielung auf die Wundt-Titchener-Schule – »sind

das nur drei Stöcke. Aber für die Gebildeten ... ist es ein riesiges und ruhmreiches A.«
Jedwede Zweifel an der Anspielung werden zerstreut, wenn man sich erinnert, dass die Gestaltpsychologen die Vorstellung ablehnen, dass elementare Sinneswahrnehmungen zusammengebunden sind »wie ein Bündel Stöcke« (Hervorhebung von mir). Könnte der Zusammenhang deutlicher sein?
Kurt Lewin (1890–1947) wurde anfänglich von der Gestalttheorie beeinflusst, entwickelte dann aber eine eigene Methode. Zur Veranschaulichung führt er das Beispiel an, dass genau dieselbe Landschaft auf jemanden, der als Urlauber einen Spaziergang macht, ganz anders wirkt als auf einen Soldaten während einer Schlacht. Sollten wir eingedenk dessen I-Ahs »Düsternis« eher als Widerspiegelung seiner Stimmung deuten denn als eine objektive Beschreibung?
Es wäre verlockend, aber ich denke, wir sollten dieser Verlockung ebenso widerstehen, wie wir uns stets

davor hüten sollten, abwegige Zusammenhänge herzustellen. Das Letzte, was ich empfehlen möchte, sind oberflächlich gesehen reizvolle, aber absolut unverifizierte Lösungen. In diesem  Fall liegen einfach zu viele Hinweise aus glaubwürdigen Quellen vor, dass I-Ahs Zuhause wirklich ein düsterer Ort ist.

Hier möchte ich das Augenmerk meiner Leserinnen und Leser auf die Karte richten, die in einigen Ausgaben von *Pu der Bär* und *Pu baut ein Haus* auf der Innenseite des Buchdeckels abgedruckt ist. In der unteren rechten Ecke der Karte finden wir nicht nur die eindeutige Bezeichnung »I-Ahs Düsternis«, sondern auch den unmissverständlichen Zusatz »die feuchte Stelle rechts, die sonst niemand will«.

Daraus können wir, so meine ich, nur den Schluss ziehen, dass wir woanders nach einer Erklärung für seinen drastischen Stimmungswandel suchen müssen, auch wenn gestaltpsychologische Begriffe einige Aspekte von I-Ahs Psyche durchaus erhellen mögen. Ich hoffe, überzeugend nachweisen zu können, dass die relativ junge kognitive Psychologie die Antworten liefert.

Die psychologisch versierten Ursinologen werden I-Ahs Wandel inzwischen ohne Zögern Pu Bär zuschreiben, und das mit Recht. Dennoch bleibt die Frage, wie unser großer Therapeut diese an ein Wunder grenzende Heilung bewirkt hat. Im Folgenden widmen wir uns der angenehmen Aufgabe, diese Frage zu beantworten.

Wie Pu mittels der kognitiven Psychologie I-Ahs Depression kuriert

Unter den Begriff der Kognition als Prozess, durch den wir Kenntnis von etwas erhalten oder uns unserer Umwelt bewusst werden, fallen zum Beispiel auch Wahrnehmung und Erkennen. Die kognitive Psychologie geht davon aus, dass viele psychologische Störungen durch falsches Wissen und verzerrte Wahrnehmung verursacht werden. Dies ist besonders häufig bei Depressionen der Fall. Es ist daher nahe liegend, dass Winnie-der-Pu sich für diese Therapieform entscheidet, um I-Ah von seinen Depressionen zu befreien, die zu Beginn der Pu-Saga den Normalzustand des alten grauen Esels darstellen.

Als I-Ah das erste Mal auftaucht, steht er »allein in einem distelbewachsenen Winkel des Waldes«. Gleich darauf heißt es:

> »Manchmal dachte er traurig bei sich: Warum?, und manchmal dachte er: Wozu?, und manchmal dachte er: Inwiefern? –, und manchmal wusste er nicht so recht, worüber er nachdachte.

Wie von unserem Autor nicht anders zu erwarten, steckt diese einleitende Passage voller wichtiger Informationen. Als Erstes erfahren wir, dass I-Ah einsam und verlassen ist, und zwar in einem distelbewachsenen Winkel des Waldes. Wir wissen aber noch nicht, warum er allein ist. Dahin gehend müssen wir uns noch etwas gedulden.

Dann lesen wir, dass er »traurige« Gedanken hat, die allesamt aus Fragen bestehen. Er versucht nicht einmal, sie zu beantworten. Den Kopf voller unbeantworteter Fragen zu haben ist nun an sich schon eine ungemein deprimierende Situation. Und wenn wir uns I-Ahs Fragen genauer ansehen, stellen wir fest, dass sie aufgrund ihrer vagen Formulierung unmöglich zu beantworten sind. Mit anderen Worten, I-Ah deprimiert sich selbst durch ein falsches Verständnis dessen, was eigentlich eine Frage ausmacht. Dieses zum Scheitern verurteilte Unterfangen stürzt ihn, wie aus obigem Zitat hervorgeht, in geistige Verwirrung. Kein Wunder, dass I-Ah sehr froh ist, als Pu vorbeikommt und ihn aus seinen düsteren Gedanken reißt.

Als I-Ah Pu in düsterer Stimmung begrüßt, wird dem großen – und stets mitfühlenden – Therapeuten auf Anhieb klar, dass Hilfe vonnöten ist. Die Frage »Und wie geht es dir?« stellt Pu  nicht in erster Linie deshalb, weil es die Konvention verlangt, sondern weil er als Therapeut das Befinden seines Patienten erkunden will.
Pus wachsamem Auge entgeht auch nicht, dass I-Ahs Schwanz verschwunden ist.

>»Das erklärt einiges«, sagte I-Ah düster. »Es erklärt alles. Kein Wunder.«
>»Du musst ihn irgendwo gelassen haben«, sagte Winnie-der-Pu.
>»Jemand muss ihn genommen haben«, sagte I-Ah. »Das sieht ihnen ähnlich.«

Auffällig ist, dass I-Ah gleich nach seiner relativ rationalen Einschätzung, der Verlust seines Schwanzes erkläre einiges, zu der offensichtlichen Übertreibung greift, er erkläre alles. Die kognitive Psychologie bezeichnet solche Wahrnehmungsfehler als mentale Filter (die alles bis auf die eine, für gewöhnlich unange-

nehme Tatsache ausblenden) und spricht von Vergrößerung (I-Ah misst seinem Schwanz übertriebene Bedeutung bei, bemerkt er dessen Verschwinden doch erst, als Pu ihn darauf aufmerksam macht).
I-Ah beschuldigt dann jemanden, den Schwanz an sich genommen zu haben. Zwar erweist sich der Verdacht als richtig, doch I-Ah geht noch weiter und sagt, das sehe »ihnen« ähnlich. Die Unterstellung, »sie« würden gewohnheitsmäßig zum Schaden anderer handeln, ist ein typisches Beispiel für eine »Übergeneralisierung«, wie es in der kognitiven Psychologie heißt. Wir haben es hier also mit einer Reihe von Verzerrungen zu tun. Wie reagiert Pu? »Pu fand, dass er etwas Hilfreiches sagen sollte, aber er wusste nicht recht, was. Also beschloss er stattdessen, etwas Hilfreiches zu tun.« Er verkündet, dass er den verschwundenen Schwanz finden wird.
In diesem Stadium würden einige Therapeuten Pus Entscheidung möglicherweise in Frage stellen. Natürlich, so mögen sie sagen, hätte Pu I-Ahs Selbstwertgefühl dadurch aufbauen sollen, dass er ihn überredet, den verlorenen Schwanz selbst zu finden, statt sich auf seinen Therapeuten zu verlassen. In früheren ursinologischen Studien habe ich nachgewiesen, dass wir, wenn wir die Neigung verspüren, Winnie-dem-Pu einen Fehler zu unterstellen, bei

nochmaligem Nachdenken zu der Einsicht gelangen, dass der Fehler nie bei ihm, sondern immer bei uns liegt. Dass Pus Entscheidung völlig richtig ist, wird gleich zweifach deutlich. Schauen wir uns I-Ahs unmittelbare Reaktion an: »Danke, Pu ... du bist ein echter Freund ... Nicht wie manche anderen ...« Pu hat I-Ah also davon überzeugt, dass er nicht völlig allein ist, dass er zumindest *einen* Freund hat. Später sehen wir, dass die Hauptursache für I-Ahs Depressionen seine Überzeugung ist, keinen einzigen Freund zu haben. Dank Pu hat er den ersten Schritt getan, diese gravierende kognitive Verzerrung zu korrigieren.

Zweitens, als Pu den Schwanz – den Eule unabsichtlich an sich genommen hat – wiedergefunden und Christopher Robin ihn wieder an seinem richtigen Platz festgenagelt hat, »tobte I-Ah durch den Wald und wedelte so glücklich mit dem Schwanz, dass Winnie-dem-Pu ganz komisch zu Mute wurde und er

schnell nach Hause musste, um einen kleinen Mund voll oder Ähnliches zu sich zu nehmen, um bei Kräften zu bleiben«.

An zwei bedeutsamen Fakten können wir das Ende dieser Phase in I-Ahs Transformation ablesen. (a) Indem er Christopher Robin mit einbezieht, zeigt Pu, dass I-Ah noch einen weiteren Freund hat. (b) Pus Freude und Stolz angesichts dieses Erfolges zeigen uns, dass seine Sachkenntnis echte Rührung nicht ausschließt, wenngleich seine Professionalität dafür sorgt, dass er dieses Gefühl nur im privaten Rahmen zulässt.

Ein schwieriger Fall für Pu Bär

An dieser Stelle könnten Leser, die sich mit den Milne'schen Texten besser auskennen als auf dem Gebiet der Psychotherapie, einen Einwand erheben. Es stimmt zwar, so mögen sie sagen, dass I-Ah überglücklich herumtobt, aber als wir ihn das nächste Mal treffen, bläst er schon wieder Trübsal:

> I-Ah, der alte graue Esel, stand am Bach und betrachtete sich im Wasser.
> »Ein Bild des Jammers«, sagte er. »Genau. Ein Bild des Jammers.«

Er drehte sich um und ging langsam zwanzig Meter am Bach entlang, durchquerte ihn ... und ... betrachtete ... sich wieder im Wasser.
»Wie ich mir gedacht hatte«, sagte er. »Von dieser Seite auch nicht besser. Aber das stört niemanden. Es macht keinem was aus. Ein Bild des Jammers, aber genau.«

I-Ah, so fügen die Skeptiker vermutlich noch hinzu, ist nicht nur wieder ähnlich depressiv wie zuvor, sondern er leidet auch wieder unter der kognitiven Verzerrung, die seiner Depression zugrunde liegt. Er hat vollkommen die fürsorgliche Hilfe vergessen, die er von Pu und Christopher Robin erhalten hat, und er meint nach wie vor, es mache »keinem was aus«.

Diese Episode ist beileibe kein Beweis dafür, dass Pu versagt hat, sondern sie offenbart klar und deutlich, dass das gesamte Pu-Opus auf einem soliden Realismus fußt, einem Realismus, den ich in aller Bescheidenheit in meinen ursinologischen Studien nachzuahmen versucht habe. Im Großen und Ganzen ist man sich in der Psychotherapie darin einig, dass sich seit langem bestehende psychische Probleme in einer einzigen Sitzung nicht endgültig lösen lassen.

Viel zu oft erwarten Klienten von ihrem Therapeuten Wunder, als bräuchte er nur den Zauberstab zu schwingen, und sie wären von ihrer Krankheit geheilt. Auch wenn sie es nicht so direkt sagen, die illusorische Hoffnung hegen viele. Winnie-der-Pu erkennt mit gewohntem Realitätssinn, dass sich I-Ahs depressiver Zustand über einen langen Zeitraum entwickelt hat. Er ist zu einer festen Gewohnheit geworden. Die kognitive Methode benötigt nicht, wie häufig die analytischen Richtungen, Monate oder sogar Jahre, aber so ganz im Handumdrehen geht es auch mit ihr nicht. Schauen wir uns also an, wie Pu Bär weiter vorgeht, als er I-Ah in dem beschriebenen Zustand antrifft.

Als Erstes fällt ihm natürlich I-Ahs Körpersprache auf. Shepards Illustration stößt uns geradezu mit der Nase darauf. Selbst wenn wir aus der genannten Textpassage nicht erfahren hätten, dass I-Ah düster sein Spiegelbild im Wasser betrachtet, so drückte seine Körperhaltung eindeutig Niedergeschlagenheit aus. Sie hindert ihn auch daran, den stets aufmunternden Anblick einer Libelle wahrzunehmen. I-Ahs düstere Reaktion auf Pus Begrüßung bestätigt das insgesamt depressive Bild. Als Pu I-Ah fragt, was mit ihm los sei, heißt es:

> »Nichts, Pu Bär, nichts. Nicht jeder kann es und mancher lässt es ganz. Das ist der ganze Witz.«
> »Nicht jeder kann was?«, sagte Pu und rieb sich die Nase.
> »Frohsinn. Gesang und Tanz. Ringel Ringel Rosen. Darf ich bitten, mein Fräulein.«
> »Aha!«, sagte Pu. Er dachte lange nach und fragte dann: »Was sind Ringelrosen?«

Ich muss an dieser Stelle – schon wieder – einen häufig wiederkehrenden Fehler korrigieren. So unglaublich es auch nach den diversen ursinologischen Studien der letzten Jahre erscheinen mag, aber es kommt immer wieder vor, dass Pus Frage als ein Zeichen für Unverständnis, sogar Dummheit verstanden wird. Ursächlich dafür ist natürlich der fundamentale Fehler, dass die Bezeichnung Pus als ein »Bär von sehr wenig Verstand« für bare Münze genommen wird. Da genügend Beweise für das genaue Gegenteil vorliegen, haben wir es hier eindeutig wieder mit einer kognitiven Verzerrung zu tun. Alle Ursinologen sind, ob bewusst oder unbewusst, damit beschäftigt, solche Verzerrungen ein für alle Male aus der Welt zu schaffen.

Pus Frage ist ein Versuch, I-Ah von der Metapher zur Tatsache zu bringen, von der Fantasie zur Realität. I-Ahs Erwiderung: »Bonno-Mi ...«, zeigt, dass Pus erster Versuch gescheitert ist. Kein Wunder, dass Pu sich auf einen großen Stein setzt und versucht, »das Gehörte zu überdenken«.

Nach meiner obigen Warnung sollten wir uns alle vor einer allzu wörtlichen Auslegung der folgenden Passage hüten: »Es kam ihm [Pu] wie ein Rätsel vor, und bei Rätseln war er nie besonders gut gewesen, da er ein Bär von sehr geringem Verstand war. Deshalb sang er stattdessen *Fragen, Fragen, immer nur Fragen ...«* Wer das Lied aufmerksam liest, kann nicht übersehen, dass es tatsächlich einige grundlegende Prinzipien der kognitiven Psychologie behandelt. Die zweite Zeile lautet: »Es kann der Käfer den Specht nicht ertragen.« Hier wird den Begriffen »Wahrnehmung« und »Erkenntnis« durchaus adäquat Tribut gezollt. Die entsprechende Zeile in der zweiten Strophe – »Ein Fisch kann nicht pfeifen, und ich kann nicht klagen« – räumt mit zwei weiteren Irrtümern auf, während in der zweiten Zeile der dritten Strophe von Kognition wohl kaum noch die Rede sein kann: »Unsichtbar wird der Honig im Magen.« Da die offensichtliche Frage, wie dargelegt, sinnlos ist, gibt es keine sinnvolle Antwort. Indem Pu dies akzeptiert, umgeht er die Falle, sich selbst eine unmögliche Aufgabe zu stellen.

Ebendiese Falle ist besonders für außergewöhnlich fähige Leute verführerisch, die sich unrealistisch hohe Maßstäbe setzen. Fritz Perls hat uns in Anlehnung an Pu vor Perfektionismus gewarnt, der als eine wesentliche Ursache für kognitive Verzerrung gilt. Wer in diese Falle tappt, macht sich unglücklich, weil er seine tatsächlichen Leistungen stets unterbewertet, denn er kann ja unmöglich in allem perfekt sein.

Pu fehlt es weder an Realitätssinn, noch strebt er

nach Perfektionismus. Er besinnt sich vielmehr auf die Grundprinzipien der speziellen Psychologie, die er bei I-Ah anwendet. Er setzt seine therapeutische Arbeit gelassen fort. Schon das allein müsste uns davon überzeugen, dass jeder, der Pu tatsächlich für einen Bären von sehr wenig Verstand hält, den Fehler begeht, ihn mit einem negativen Etikett zu versehen.

Als Pu nachhakt, kommt er dahinter, dass I-Ah besonders traurig ist, weil er Geburtstag hat und niemand daran gedacht hat: »... mit keinen Geschenken und keinem Kuchen und keinen Kerzen, und keiner nimmt richtig von mir Notiz.« Auf den ersten Blick scheint I-Ah allen Grund für seine Traurigkeit zu haben. Wir alle wären traurig, wenn niemand an unseren Geburtstag denken würde. Allerdings wusste niemand, dass I-Ah Geburtstag hat. Pu fällt aus allen Wolken, als er es hört, und wenn er es nicht weiß, dann weiß es auch sonst keiner.

Bei Depressiven ist eine solche Situation nicht ungewöhnlich. Sie fantasieren sich nicht nur Gründe zum Unglücklichsein zusammen, sie schaffen auch häufig traurige Situationen, die zwar real sind, die sie aber durch ihr Tun – oder Nichttun – herbeigeführt haben. Da wir wissen, wie nett die Waldbewohner sind, können wir davon ausgehen, dass sie auf I-Ahs Geburtstag entsprechend reagiert hätten, wenn sie davon ge-

wusst hätten. Hat er Einladungen verschickt? Hat er es jemandem erzählt? Offensichtlich nicht.
Pu ist viel zu klug und viel zu freundlich, um I-Ah in diesem Moment darauf hinzuweisen. Das hätte I-Ahs ohnehin schon düstere Stimmung noch mehr verfinstert. Stattdessen handelt er augenblicklich, um I-Ah erneut zu zeigen, dass er Freunde hat, denen sein Glück am Herzen liegt. Als Erstes holt er von zu Hause einen Topf mit seinem kostbaren Honig. Dann gratuliert er Ferkel zu der Idee, I-Ah einen Ballon zu schenken: »Das, Ferkel, ist eine sehr gute Idee. Das ist genau das, was sich I-Ah zur Aufheiterung wünscht. Niemand kann mit einem Ballon unaufgeheitert bleiben.« Eule steuert eine beeindruckend lange Beschriftung für den Topf bei: »HIRZ LERZ NUCKWNÜSCH UZM BUBU BUGEBU BURZKAT.« Wenn man es ganz genau nimmt, so verrät sie, lautet die Beschriftung: »Die allerherzzzlichsssten Glück- und Segenssswünsche zzzum Geburtsssstag. In Liebe, dein Pu.«
Trotz der unvorhergesehenen Veränderungen, die beide Geschenke durchlaufen, ehe sie I-Ah erreichen, ist das Geburtstagskind schließlich »so glücklich, wie man nur sein kann«. Am Ende des Kapitels lesen wir, dass der stets freundliche Christopher Robin ihm einen Malkasten geschenkt und eine Party für ihn vorbereitet hat, mit einer »Torte mit Zuckerguss

und drei Kerzen, und auf der Torte stand sein Name in Rosa, und ...«

I-Ah hat große Fortschritte gemacht, aber noch einen weiten Weg vor sich. Pu hat bereits einige von I-Ahs falschen Wahrnehmungen korrigiert. I-Ah weiß jetzt, dass er, trotz seiner einzelgängerischen Gewohnheiten, viele Freunde hat, die ihm einen wirklich schönen BUBU BUGEBU BURZKAT beschert haben.

I-Ah macht einen weiteren Schritt nach vorn

Als wir I-Ah wieder treffen, nimmt er an der Expotition zum Nordpohl teil. Seine Teilnahme an einer Gruppenaktivität ist an und für sich schon ein Riesenfortschritt. Anfänglich sträubt er sich zwar: »Ich wollte gar nicht mitkommen auf diese Expo – was Pu gesagt hat. Ich bin nur gekommen, um gefällig zu sein.« Entscheidend ist aber, dass er mitmacht, wie widerstrebend und sauertöpfisch auch immer.

Hinzu kommt, dass I-Ah, als Klein Ruh in den Fluss fällt, sofort zu Hilfe eilt:

> I-Ah hatte sich umgedreht und seinen Schwanz in den ersten Teich gehängt, in den, in welchen Ruh gefallen war, und mit dem Rücken zum Schauplatz des Unfalls grummelte er leise vor sich hin: »Immer diese Wascherei; aber halt dich einfach an meinem Schwanz fest, Klein Ruh, dann kann dir gar nichts passieren ...«

Da er leider wie gewöhnlich nicht richtig mitbekommt, was vor sich geht, positioniert er sich an einer Stelle, wo Ruh schon längst vorbeigekommen ist. Somit kann er zwar keine praktische Hilfe leisten, aber was zählt, ist seine gute Absicht. Und seine Beharrlichkeit, denn da er weiterhin nicht mitbekommt, was geschieht, hält er den Schwanz auch dann noch ins Wasser, als Ruh längst gerettet ist – und das trotz seines wachsenden Unbehagens, da sein Schwanz immer kälter wird.

Es mag einige Leser verwirren, dass Christopher Robin I-Ah den Schwanz mit einem Taschentuch abrubbelt, während Pu scheinbar von alledem nichts mitbekommt und auch kein Mitleid mit I-Ahs Misere hat. Als I-Ah sagt: »Ich dachte, du hättest gesagt,

wie Leid dir die Sache mit meinem Schwanz tut, dass er völlig abgestorben ist, und ob du vielleicht irgendwie behilflich sein könntest«, erwidert Pu: »Nein ... Das war ich nicht ... Vielleicht war es jemand anderes.«

Pus Haltung wird indes völlig verständlich, wenn wir uns erinnern, dass Christopher Robin I-Ah bereits den Schwanz abgetrocknet hat. I-Ah hat also sowohl direkte körperliche Fürsorge erfahren, als auch ein weiteres Mal erlebt, dass er Freunde hat, die sich wirklich um ihn bemühen. Dass I-Ah noch mehr verlangt, wie er es eben zum Ausdruck gebracht hat, deutet an, dass er kurz davor ist, sich einerseits selbst zu bemitleiden und zugleich unmäßig in seinem Einfordern von Zuwendung zu werden. Kein guter Psychologe würde solchem ungesunden Emotionsmix Vorschub leisten. Pu weiß, dass ein heilsames Maß an Missachtung gelegentlich angebracht ist, um die Unabhängigkeit und Selbstsicherheit des Patienten zu fördern, das Ziel jedes Therapeuten.

Selbst das kurzfristige Ergebnis ist ermutigend. I-Ahs letzten Worte in dem betreffenden Kapitel lauten: »Na ... Jedenfalls hat es nicht geregnet.« Ein unter den gegebenen Umständen äußerst frohsinniger Kommentar.

Als Ferkel während der großen Überschwemmung

völlig von Wasser umgeben ist, denkt es darüber nach, wie seine Freunde wohl mit der Situation klarkommen. Bei I-Ah sagt es sich: »Und I-Ah geht es sowieso so lausig, dass ihm dies auch nichts mehr ausmachen würde.« Wir sollten uns nicht wundern, dass Ferkel über I-Ahs Fortschritte im Unklaren ist, aber immerhin spricht es ihm einen gewissen stoischen Schutzpanzer gegen die »Pfeil' und Schleudern des wütenden Geschicks« zu, um an dieser Stelle einmal Shakespeare zu bemühen. Vielleicht hat I-Ah ja daher die innere Stärke, mit der Pu so beeindruckend erfolgreich arbeiten kann.

Doch der Erfolg lässt noch etwas länger auf sich warten, wie wir sehen, als Christopher Robin zur Feier von Ferkels Errettung durch Pu eine Party gibt. Als Eule I-Ah die mündliche Einladung überbringt, will I-Ah anfänglich gar nicht glauben, dass er wirklich eingeladen ist. Eule sagt zu I-Ah: »... du wirssst auf eine Party gebeten«, und –

I-Ah schüttelte langsam den Kopf.
»Du meinst Ferkel. Der kleine Bursche mit den aufgeregten Ohren. Das ist Ferkel. Ich werde es ihm sagen.«
»Nein, nein!«, sagte Eule, die allmählich etwas eigen wurde. »Esss geht um dich!«

»Bist du sicher?«
»Natürlich bin ich sicher. Chrissstopher Robin hat gesagt: ›Sag allen anderen Bescheid.‹«
»Allen anderen, nur I-Ah nicht?«
»Allen«, sagte Eule beleidigt.
»Ah!«, sagte I-Ah. »Ein Irrtum, zweifelsohne, aber ich werde trotzdem erscheinen. Aber macht mich nicht verantwortlich, wenn es regnet.«

Als er dann tatsächlich zur Party kommt, nimmt er befremdlicherweise an, dass sie ihm zu Ehren gegeben wird. Extreme Stimmungsschwankungen sind bei Depressiven beileibe nichts Ungewöhnliches. Verblüffend ist aber, dass I-Ah zu Anfang eine recht flüssige, sogar eindrucksvolle Dankesrede hält. Selbst als er desillusioniert wird, reagiert er zwar enttäuscht, bricht aber nicht zusammen oder stapft wütend davon. Stattdessen flüchtet er sich in Ironie:

»Aber wozu sich beklagen? Ich habe immerhin meine Freunde. Erst gestern hat jemand mit mir gesprochen. Und war es nicht letzte – oder vorletzte? – Woche, dass Kaninchen in mich hineingerannt ist und ›So ein Mist!‹ gesagt hat? Die gesellige Runde. Ständig ist was los.«

Ganz typisch für ihn ist, dass er bei dem speziellen Buntstiftkasten, den Pu geschenkt bekommt, ablehnendes Desinteresse vorschützt:

»Diese ganze Schreiberei. Bleistifte und was nicht alles. Überbewertet, wenn man mich fragt. Steckt doch nichts dahinter.«

In diesem Stadium nimmt er also eine eklatant andere Haltung zu Bildungsfragen ein als die, mit der wir uns weiter oben beschäftigt haben, als nachgewiesen werden konnte, dass das von ihm erkannte »A« als Veranschaulichung der Gestaltpsychologie zu verstehen ist.
Am Ende von *Pu der Bär* hat Pu daher noch ein gehöriges Stück therapeutische Arbeit mit I-Ah vor sich. Die ersten Ursinologen hat sicherlich eine Mischung aus Hoffnung und Ungeduld beschlichen. Der große Autor würde doch diese aufreibende Fallstudie nicht unvollendet lassen. Aber wie lange würden sie warten müssen? Zwei Jahre, wie diejenigen Pu-Forscher wissen, denen die Gnade der späteren Geburt zuteil wurde. In *Pu baut ein Haus* werden wir dann Zeuge, wie Pu seinen größten therapeutischen Triumph vollendet.
Milne wusste natürlich, dass seine Leserinnen und

Leser darauf brannten, I-Ahs weitere Entwicklung zu erfahren, und hat sich des Themas gleich im ersten Kapitel des Nachfolgebandes angenommen. Es beginnt damit, dass Pu mit Ferkel einen Spaziergang im Schnee macht. Als sie in die Nähe von I-Ahs Düsternis kommen, setzen sie sich auf ein Tor und singen Pus neueste Komposition, sein gutes Gesumm, »ein Gesumm voller Hoffnung, zum Vorsummen«. Als sie es sechsmal hintereinander gesungen haben, sagt Pu: »Ich habe über I-Ah nachgedacht.« Dann erklärt er, dass I-Ah der Einzige im Wald ist, der kein Haus hat, und sagt: »Wir werden es hierher bauen ... genau hier an den Wald, windgeschützt, denn hier habe ich darüber nachgedacht. Und wir werden es Puwinkel nennen. Und aus Stöckchen werden wir ein I-Ah-Haus im Puwinkel für I-Ah bauen.« Ferkel hat auf der anderen Seite des Waldes einen Haufen Stöcke gesehen, also machen sie sich gleich auf den Weg, die Stöcke zu holen, um daraus ein Haus für I-Ah zu bauen.

Unterdessen hat I-Ah Christopher Robin erzählt, wie kalt ihm ist bei »all dem Schnee und diesem und jenem, und eins kommt zum anderen, von Eiszapfen und Ähnlichem ganz zu schweigen«. Bemerkenswerterweise ist er sich jedoch trotz seines Lamentos darüber im Klaren, dass es den anderen Leid tun wird, wenn sie verspätet einsehen, wie schrecklich er gefroren hat. Es schwingt zwar noch Selbstmitleid in I-Ahs Worten, aber durch Pus Therapie hat er bereits erkannt, dass die anderen Mitgefühl empfänden, wenn sie nur genug Verstand und Vorstellungskraft hätten.

Dann erzählt I-Ah Christopher Robin, dass er sich ein Haus gebaut hatte, ein beachtlicher Fortschritt auf dem Weg zur aktiven Selbsthilfe. Aber –

>>Das eigentlich Aufregende daran«, sagte I-Ah mit seiner finstersten Stimme, »ist, dass es, als ich es heute Morgen verließ, noch da war, und als ich zurückkam, war es weg. Nicht weiter schlimm und völlig normal, und es war ja auch nur I-Ahs Haus. Aber ein bisschen gestaunt habe ich doch.«

Als I-Ah und der gütige Christopher Robin zu der Stelle kommen, wo I-Ahs Haus gestanden hat, sind Pu und Ferkel gerade mit dem I-Ah-Haus im Puwinkel fertig. Bald merken alle außer I-Ah, dass der »Haufen Stöcke«, aus dem das »neue« Haus gebaut wurde, ursprünglich I-Ahs erstes Haus war. I-Ah zieht folgendes Fazit:

»... der Wind hat es [das Haus] direkt über den Wald geblasen und hier heruntergeblasen, und hier steht es so gut wie eh und je. Sogar teilweise besser.«

»Viel besser«, sagten Pu und Ferkel gleichzeitig.

»Das zeigt nur, was man erreichen kann, wenn man sich ein bisschen Mühe gibt«, sagte I-Ah. »Siehst du, Pu? Siehst du, Ferkel? Erst den Verstand gebrauchen und dann ordentlich zupacken. Seht euch das an! So muss man Häuser bauen«, sagte I-Ah stolz.

In dieser Episode verbindet Pu tätige, materielle Unterstützung mit der wahrhaft beachtlichen Fähigkeit, eine gänzlich unerwartete Gelegenheit beim Schopfe zu packen, um I-Ahs Selbstwertgefühl zu stärken. Kein Wunder, dass Milne selbst in diesem Zusammenhang ein deutliches Zeichen setzt. Ernsthafte Ursinologen sind immer wieder erstaunt, dass so vielen treuen Pu-Fans die von unserem Autor gesetzten Zeichen schlichtweg entgehen. In unserem aktuellen Fall ist das umso verblüffender. Worauf bezieht sich nämlich schon der Titel *Pu baut ein Haus*? Für wen baut Pu ein Haus? Selbstverständlich für I-Ah, wie wir inzwischen wissen. Wie lautete der ursprüngliche, volle Titel? Pu baut ein Haus *für I-Ah* (Hervorhebung von mir). Pu selbst wird als einzige Figur im Titel beider Bücher explizit genannt. Aber I-Ah wird die einzigartige Ehre zuteil, im Titel des letzten Bandes des Pu-Opus *implizit* mit genannt zu werden.

I-Ah macht weitere Fortschritte im Umgang mit anderen

I-Ahs Reaktion auf die Ankunft des ungestümen Tieger ist besonders interessant. Er ist zwar durchaus aufgeschlossen, verhält sich aber auch ein wenig taktlos. Als Tieger feststellt, dass Tieger keinen Honig und keine Heicheln mögen, aber verkündet: »Disteln ... mögen Tieger am liebsten«, nehmen Pu und Ferkel ihn mit zu I-Ah. Nachdem Pu I-Ah und Tieger einander vorgestellt hat, erklärt Ferkel: »Er ist gerade angekommen.«

»Aha!«, sagte I-Ah wieder.
Er dachte längere Zeit nach und sagte dann: »Und wann reist er wieder ab?«

Trotz seiner noch immer vorhandenen Defizite in sozialer Kompetenz führt I-Ah das fremde Tier an eine Stelle, wo besonders distelige Disteln wachsen, und bietet sie ihm großzügig mit den Worten an: »Eine kleine Stelle, die ich mir für meinen Geburtstag aufgespart habe.« Als Tieger dann herausfindet, dass Tieger doch keine Disteln mögen, ist I-Ahs einzige Beschwerde durchaus nachvollziehbar: »Warum dann eine Stelle verschwenden, an der nichts auszusetzen war?« Er verwahrt sich auch gegen Ferkels zuvor – an Tieger – gerichtete Bemerkung, I-Ah sei immer düster gestimmt, und behauptet, er sei im Gegenteil »allerbester Laune«.

I-Ah hilft bei der Rettung
von Tieger und Ruh

Während Pu und Ferkel überlegen, wie sie Tieger und Ruh von dem Baum, auf dem sie festsitzen, wieder herunterbekommen können, kommen »Christopher Robin und I-Ah zusammen herangeschlendert«, eine deutliche Verbesserung in I-Ahs Umgang mit anderen. Wir können uns Pus Freude vorstellen. Pu weiß natürlich auch, dass Christopher Robins heiteres Gemüt das ideale Gegengewicht zu den depressiven Zügen bildet, unter denen I-Ah noch immer leidet. Als I-Ah wieder eine von seinen üblichen düsteren Wetterprognosen von sich gibt – »Es würde mich gar nicht wundern, wenn es morgen tüchtig hagelte« –, ist es Christopher Robin, wie nicht anders zu erwarten, »ziemlich gleichgültig ... was es morgen tat, solange er draußen und dabei war«.
Die Fähigkeit, sich die Eigenschaften anderer bei seiner therapeutischen Arbeit zunutze zu machen, beweist Pus herausragendes Können. Ebenso zeichnet

er sich durch eine Bescheidenheit aus, wie sie bei namhaften Psychologen nicht unbedingt an der Tagesordnung ist. Ein weiteres Exempel dafür liefert er, als er Christopher Robin die führende Rolle bei der Rettung von Tieger und Ruh überlässt. Es hat uns oft schmerzlich berührt, wenn Christopher Robin blind für die Weisheit des großen Bären war. Auf der anderen Seite ist uns seine liebenswürdige Art, seine Gutwilligkeit und seine praktische Veranlagung nicht entgangen. Und wir können davon ausgehen, dass alles, was uns auffällt, Pu erst recht auffällt. Mit großem Taktgefühl lenkt er seinen Freund in Richtung der praktischen beruflichen Orientierung, die für ihn genau richtig ist.

Bevor Christopher Robin seinen Plan verkündet, macht Ferkel seinen Vorschlag: »›Ich dachte‹, sagte Ferkel ernst, ›dass, wenn I-Ah unten am Baum stünde und wenn Pu auf I-Ahs Rücken stünde und wenn ich auf Pus Schultern stünde ...‹«

I-Ah erhebt zwar Einspruch, aber mit einem erfreulichen schwarzen Humor:

> »Und wenn I-Ahs Rückgrat plötzlich bräche, dann hätten wir alle was zu lachen. Haha! Sehr amüsant auf eine stille Weise«, sagte I-Ah, »aber keine große Hilfe.«

Sobald der Plan mit Christopher Robins Kittel feststeht, präzisiert I-Ah für Ferkel kurz und knapp, worum es geht: »›*Tieger herunterschaffen*‹, sagte I-Ah, ›und zwar so, dass *niemand zu Schaden kommt*. Halte diese beiden Gedanken fest, Ferkel, dann kann dir gar nichts passieren.‹« Diese eindringlichen Worte belegen, dass I-Ah sich bereits von vielen kognitiven Fehlern befreit hat.

Selbst als Tiegers Sprung zur Folge hat, dass I-Ah ganz unten in dem Haufen aus allen Beteiligten liegt, lässt I-Ah kein Wort der Beschwerde verlauten, obwohl ein gewisser Sarkasmus nicht zu überhören ist, als er zu Christopher Robin sagt, er könne sich bei dem ungestümen Tieger in I-Ahs Namen bedanken.

I-Ah erfährt, dass er mehr Freunde hat, als er gedacht hat

Einer von I-Ahs schädlichsten kognitiven Fehlern ist seine Überzeugung, dass niemand sich für ihn interessiert. Pu begreift, dass dieser Irrtum nur durch wiederholte Beweise des Gegenteils auszumerzen ist. Und die Wiederholung ist umso überzeugender, je mehr Freunde mitmachen: Pu selbst natürlich, Christopher Robin und Ferkel. Jetzt ist Ferkel wieder an der Reihe. Diesmal ist seine Initiative umso beeindruckender, als es ganz allein und aus eigenem Antrieb zur Tat schreitet, obwohl die Anregung zweifellos auf Pu zurückgeht. Ferkel hat gerade einen Strauß Veilchen für sich gepflückt, da wird ihm –

> plötzlich schlagartig bewusst, dass noch nie jemand einen Veilchenstrauß für I-Ah gepflückt hatte, und je mehr es darüber nachdachte, desto mehr dachte es, wie traurig es war, ein Tier zu sein, dem noch nie ein Veilchenstrauß gepflückt worden war.

Ferkel kommt mit den Veilchen zu I-Ah, der gerade dabei ist, mit drei Stöcken ein großes »A« zu legen. Er ist so in seine Tätigkeit vertieft, dass er Ferkels nettes Mitbringsel kaum wahrnimmt. Und dann muss er zu seinem großen Ärger feststellen, dass die Kenntnis des »A« sich nicht nur auf eine kleine Elite beschränkt, sondern etwas ist, was sogar Kaninchen weiß. Aus dieser Episode können wir zwei wichtige Lehren ziehen.
Erstens, obwohl I-Ah Ferkels Veilchen ignoriert, lässt Ferkel sich nicht beirren und legt den Strauß für I-Ah auf die Erde, damit er sich daran erfreuen kann, wenn ihm eher danach zumute ist. Zwar geht es an dieser Stelle nicht um Ferkels Unabhängig-

keit – um die hat Pu sich in Fall 3 erfolgreich gekümmert –, doch sie wird uns hier erneut vor Augen geführt.

Zweitens, I-Ahs Undankbarkeit angesichts des zauberhaften Geschenks von Ferkel erinnert uns daran, dass seine soziale Kompetenz noch immer zu wünschen übrig lässt. Wir können nur hoffen, dass I-Ah, nachdem er sein Gleichgewicht wiedergefunden hat, Ferkels Großzügigkeit bemerkt, sie zu schätzen weiß und sich bei ihm bedankt.

Der Wendepunkt für I-Ah

Wir haben bereits gesehen, dass Pu mit Hilfe der kognitiven Therapie bei I-Ah eine erhebliche Verbesserung erzielt hat, doch der Wendepunkt erfolgt erst im sechsten Kapitel von *Pu baut ein Haus*, einem Kapitel mit der bezeichnenden Überschrift: »In welchem Pu ein neues Spiel erfindet und *I-Ah mitspielt*« (Hervorhebung von mir).

Nirgendwo sonst in unserem Text findet sich eine bessere Verknüpfung von literarischem Talent und psychologischem Realismus als bei I-Ahs nächstem Erscheinen und den sich daraus entwickelnden Konsequenzen. Außerhalb des Textes selbst machen vielleicht nur wenige Dinge mehr Spaß als eine Partie Pu-

Stöcke. »Nun spielten eines Tages Pu und Ferkel und Kaninchen und Ruh zusammen Pu-Stöcke.« Ferkel ist ganz aufgeregt, weil es denkt, dass sein Stock – ein großer grauer – gewinnt. Doch der große graue Stock entpuppt sich als I-Ah.
Obwohl er, wie er seinen Freunden erzählt, eigentlich gar nicht schwimmen gehen wollte, bewahrt er die Ruhe und schimpft auch kein bisschen. Sein größter Wunsch ist es sogar, seine Unabhängigkeit zu behaupten.

»... da ich nun schon einmal drin bin, habe ich beschlossen, eine leichte kreiselnde Bewegung von rechts nach links zu üben; oder aber auch«, fügte er hinzu, als er in einen anderen Strudel geriet, »von links nach rechts, wie es mir gerade in den Sinn kommt, und das geht niemanden etwas an außer mir.«

Kritiker, die sowohl pedantisch als auch oberflächlich sind – was bei unseren beiden Texten meist auf das Gleiche hinausläuft –, mögen I-Ah einen kognitiven Fehler unterstellen, wenn er behauptet, er kreisele deshalb im Wasser, weil er es beschlossen habe, wo doch aus dem Kontext eindeutig hervorgehe, dass die Strudel im Fluss dafür verantwortlich sind.

Dieser Einwand lässt sich natürlich leicht entkräften. Mag sein, dass sich I-Ah nicht durch eigene Muskelkraft im Kreis dreht, aber er lässt die Bewegung auf jeden Fall zu und genießt sie ganz offensichtlich. Er darf demnach mit gutem Recht behaupten, dass er beschlossen hat, »eine leicht kreiselnde Bewegung« zu üben, erst von rechts nach links, dann von links nach rechts. Zweitens liegt aufgrund der Tatsache, dass er die Situation im Griff hat, klar auf der Hand, dass er einen Riesenschritt auf dem Weg zur psychischen Gesundung gemacht hat. Depressionen rühren häufig daher, dass man sich als hilfloses Opfer der Umstände oder, was noch schlimmer ist, als Opfer böswilliger Feinde fühlt.

Dass Ersteres bei I-Ah der Fall ist, hat er bereits in *Pu der Bär* mit seiner Aussage belegt, dass er zu denen gehöre, die weder zu Frohsinn noch Bonno-Mi fähig seien; sein Kommentar, es sähe »ihnen« ähnlich, dass »sie« ihm den Schwanz weggenommen haben, ist der Beweis für Letzteres. Inzwischen weiß I-Ah dank Pu, dass es sich bei beiden Schuldzuweisungen um kognitive Fehler handelt. Dass Pu ihm den Schwanz zurückgebracht und Christopher Robin ihn ihm wieder an der richtigen Stelle angenagelt hat, zeigt ihm, dass »sie« weder feindselig noch gleichgültig sind. Als I-Ah durch den Wald tobt und glücklich mit dem

Schwanz wedelt und als er beim Spielen mit dem Ballon und dem nützlichen Topf so glücklich ist, wie man nur sein kann, da muss er einfach begreifen, dass auch er zu Frohsinn fähig ist.

In beiden Fällen ist die falsche Wahrnehmung Ursache seiner Depressionen, und mit deren Korrektur hat der Heilungsprozess begonnen. Ein klassischer Fall für die kognitive Therapie.

Wir kommen nun zu einem der vielen lebensnahen Elemente im Milne'schen Werk, die uns darin bestätigen, dass es durch und durch in der Realität verwurzelt ist. Als der dahintreibende I-Ah durch einen ins Wasser geworfenen Stein ans Ufer gespült werden soll und alle bang warten, ob der Plan Erfolg hat, fängt Pu an »zu denken, dass er sich den falschen Stein ausgesucht haben musste oder den falschen Fluss oder den falschen Tag für seine Idee ...«.

Hier erleben wir, dass Pu selbst ängstlich und besorgt ist und Zweifel hegt, ob er richtig gehandelt hat. Wie ist das aufzufassen? Können wir wirklich glauben, dass Pu sich geirrt hat? Wie sollen wir das mit dem Glauben an das häufig erwähnte Prinzip in Einklang bringen, dass jeder offensichtliche Fehler bei uns liegt, nicht bei Pu?

Die Lösung des Problems wird klar, wenn wir uns vor Augen halten, dass Pu häufig Fehler *demons-*

triert, damit seine Schüler daraus lernen – und wir sind alle seine Schüler. So weit, so gut. Aber was für einen Fehler demonstriert er hier? Da wir davon ausgehen können, die Antwort darauf im Text zu finden, schauen wir uns an, was einige Seiten zuvor passiert, ehe Pu vermeintlich Besorgnis zeigt.
Als Kaninchen fragt: »I-Ah, was machst du denn da?«, antwortet I-Ah:

> »Dreimal darfst du raten, Kaninchen. Grabe ich Löcher ins Erdreich? Falsch. Befinde ich mich auf einer jungen Eiche und springe von Ast zu Ast? Falsch. Warte ich darauf, dass mir jemand aus dem Fluss hilft? Richtig.«

Obwohl I-Ah ganz klar sagt, dass man ihm aus dem Fluss helfen soll, macht er ebenfalls deutlich, dass er selbst über den Zeitpunkt und die Art der Hilfe entscheiden will. Er ist nicht gerade glücklich über Pus Vorschlag, direkt neben ihm einen Stein ins Wasser fallen zu lassen, damit er ans Ufer gespült wird. Außerdem ist das Letzte, was er sagt, als Kaninchen fragt, ob alle bereit sind, ein eindeutiges »Nein«. Bezeichnenderweise ignoriert Kaninchen I-Ahs Nein und gibt Pu das Kommando, den Stein fallen zu lassen.
Für jeden wirklich klugen Psychologen liegt die Ant-

wort jetzt natürlich auf der Hand. Pu demonstriert hier einen der größten Fehler überhaupt, den ein Therapeut machen kann: Er übernimmt die Führung, anstatt dem *Patienten* zu helfen, die Kontrolle zu übernehmen, eine Versuchung, der sich Therapeuten aller Richtungen immer wieder ausgesetzt sehen. Allzu häufig wird der löbliche Wunsch zu helfen durch das Verlangen zu kontrollieren vereitelt. Wie in jeder anderen Hinsicht auch kann Pu allen als Vorbild dienen.

Nach dieser hoffentlich nicht vergeblichen Warnung an alle Vertreter der therapeutischen Zunft führt Pu uns als Nächstes vor Augen, wie erfolgreich er selbst sich diese Mahnung zu Herzen genommen hat. I-Ah fügt sich nämlich nicht einfach in eine passive Rolle, sondern er beteuert, er sei »getaucht und ans Ufer geschwommen«, um nicht von dem Stein getroffen zu werden. Das Fallenlassen des Steins war also für Pu eine einfache, aber wirkungsvolle Methode, I-Ah dazu anzuregen, sich selbst zu retten.

I-Ah macht immer schnellere Fortschritte

Von nun an häufen sich die Hinweise darauf, dass I-Ahs Realitätssinn sich erhöht, das heißt, seine kognitive Wahrnehmung sich mit Pus Hilfe verbessert. Als

Ferkel feststellt, wie nass I-Ah doch ist, schüttelt I-Ah sich und bittet, »dass vielleicht mal jemand Ferkel erklären möchte, was geschieht, wenn man sich längere Zeit im Innern eines Flusses aufhält«. Interessant ist seine Gelassenheit, seine sachliche Erklärung statt des düsteren Gejammers, das er mit Sicherheit von sich gegeben hätte, bevor Pu bei ihm mit der kognitiven Therapie begann.

Seine neue Haltung kommt noch eindrucksvoller zum Ausdruck, als darüber diskutiert wird, warum I-Ah ins Wasser gefallen ist. Als I-Ah behauptet, er sei »sehr *ungestüm*« in den Fluss gestoßen worden, fragt Pu ihn, ob das ein Scherz oder ein Unfall gewesen sei. Und anstatt verärgert oder erbittert zu reagieren, analysiert I-Ah kühl seine Gefühle, was für Pu eine große Freude sein muss, als Freund und auch als Therapeut:

> »Diese Frage habe ich mir auch gestellt, Pu, und ich stelle sie mir noch immer. Sogar auf dem tiefsten Grunde des Flusses habe ich nicht aufgehört mir diese Frage zu stellen: ›Ist dies ein derber, aber herzlicher Scherz, oder ist es lediglich ein Unfall?‹ So trieb ich an die Oberfläche und sagte mir: ›Es ist nass.‹«

Selbst bei der anschließenden Konfrontation mit Tieger bringt I-Ah seine verständliche Ablehnung des Tiegerschen Ungestüms eigentlich sehr gemäßigt zum Ausdruck. Er unterstellt Tieger keine Sekunde, er habe persönliche Animositäten gegen ihn. Er ringt sich die Äußerung ab: »Ich hab ja gar nichts dagegen, dass Tieger im Wald ist ... denn der Wald ist groß, und er bietet genug Platz für Ungestüm.«
Er verbittet sich aber, dass Tieger in *seine*, I-Ahs, kleine Ecke des Waldes kommt und dort ungestüm ist. Als Christopher Robin schließlich taktvoll vorschlägt: »Ich denke, wir sollten alle Pu-Stöcke spielen«, ist I-Ah sogar bereit mitzumachen.
Jedweder Verdacht, I-Ahs gute Laune werde gleich wieder verfliegen, wird zerstreut, als wir lesen, dass Tieger und I-Ah nach dem Spiel zusammen weggehen, »weil I-Ah Tieger sagen wollte, wie man beim Pu-Stöcke-Spielen gewinnt, man muss seinen Stock nämlich mit einem gewissen Schnackelich ins Wasser fallen lassen, falls du verstehst, was ich meine, Tieger ...«. Dieser technische Ratschlag ist insofern besonders signifikant, als er nicht nur von allgemeinem Wohlwollen, sondern auch von einer verbesserten praktischen Wahrnehmung zeugt.
Kein Wunder, dass Pu auf Ferkels Fazit, Tieger sei eigentlich in Ordnung, erwidert: »Eigentlich ist das je-

der ... Finde *ich* jedenfalls ... Aber ich glaube nicht, dass ich Recht habe ...« Mag sein, dass wir uns einen Moment lang fragen, ob Pus recht naiver Optimismus das Ergebnis einer vorübergehenden Euphorie ist, so dass er sich gleich wieder berichtigen muss. Das wäre mir allerdings zu kurz gedacht. Ich glaube, seine optimistische Verallgemeinerung bezieht sich auf seine Freunde im Wald, während sein eher skeptischer Vorbehalt mit der Tatsache zu tun hat, dass es, wie er sehr wohl weiß, in der Außenwelt nun mal Bewohner gibt, die nicht einmal er heilen könnte. Dass Christopher Robin Pus Zweifel munter verwirft, ist ein weiteres Beispiel für seinen guten Charakter bei limitierter Auffassungsgabe.

Bei I-Ahs nächstem Erscheinen wird sein tätiger guter Wille erneut unter Beweis gestellt. Weil er, nachdem Eules »Landsitz von großem Zauber, wie man ihn aus der Alten Welt kennt« von einem Sturm umgeweht worden ist, dringend ein neues Haus für sie besorgen will, bietet I-Ah ihr unwissentlich Ferkels Haus an. Dieser potenziell peinliche Fehler findet doch noch ein glückliches Ende, als Pu Ferkel anbietet, zu ihm zu ziehen.

I-Ah merkt zwar nicht, dass das Haus Ferkel gehört, doch ist dies streng genommen keine falsche kognitive Wahrnehmung. Er erkennt es vermutlich deshalb nicht, weil er es vorher noch nie gesehen hat. Und er hat es deshalb noch nie gesehen, weil er sich in seiner »Düsternis« einfach zu stark von allem und jedem abgekapselt hat. Unter diesen Umständen ist vor allen Dingen wichtig, dass I-Ah sein gewohntes einsames Leben aufgegeben hat. Und wer hat ihn dazu gebracht? Kaninchen natürlich, nachdem Pu Kaninchens herrische Rolle als Hauptmann oder Kapitän in die wohlwollende Rolle eines Beraters kanalisiert hat.

Pus größter therapeutischer Triumph

Die Krönung von Pus therapeutischer Laufbahn erfolgt am Ende des Opus, als ausgerechnet der einst einsiedlerische, fast misanthropische I-Ah die Rissolution zu Ehren von Christopher Robin einbringt, der den Wald verlassen wird, um in die Außenwelt zu gehen. Noch verblüffender ist, dass er seinem Publikum ein selbst verfasstes Gedicht vorträgt. Als er fertig ist, legt er ein ausgesprochen professionelles Verhalten an den Tag: »Falls jemand klatschen möchte ... dann ist jetzt die Zeit dafür.« Nicht minder professionell ist seine Reaktion auf den Applaus: »Danke ... Unerwartet und erfreulich, wenn auch ohne jeden störenden Überschwang.«

Dieses bemerkenswerte Ereignis verlangt natürlich nach einem Kommentar. Viele enthusiastische Bewunderer des großen Bären sind verwirrt, ja geschockt, wenn sie lesen, wie Pu auf das Gedicht reagiert: »›Es ist viel besser als meine Gedichte‹, sagte Pu, dem es wirklich besser gefiel.« Sein so geäußertes Lob ließe sich natürlich ohne weiteres damit erklären, dass er einfach nur höflich sein will, es könnte aber auch als therapeutische Aufmunterung gemeint sein. Doch beides ist keine Erklärung für den anschließenden auktorialen Kommentar.

Wie können wir diese mit der Unfehlbarkeit der Urteilskraft des großen Bären unter einen Hut bringen? Manche vertreten die Ansicht, dass Pu, der seiner Zeit so oft voraus ist, eine fortschrittliche Bewunderung für die damals noch revolutionäre Mode des freien Verses an den Tag legt. Das ist nicht überzeugend. Selbst mit der freien Versform bleibt der künstlerische Wert von I-Ahs GEDICHT fragwürdig.

Überhaupt, falls Pu wirklich etwas für freie Verse übrig hat, wieso hat er dann nicht selbst welche verfasst? Die einzig richtige Antwort muss in Pus Funktion als Therapeut liegen. »Viel besser« an I-Ahs Vortrag ist der Triumph über seine früheren Hemmungen, ein Triumph, der Pus erfolgreicher Behandlung zu verdanken ist. Pu selbst kennt solche Probleme nicht und hat deshalb nie über sie triumphieren müssen. In literarischer Hinsicht sind seine Gedichte natürlich um ein Vielfaches besser als das von I-Ah.

Obwohl es Ursinologen nicht mehr vor ein Rätsel stellt, dass I-Ah Pu als einen »Bären von angenehmem Wesen, aber zugleich einem einwandfrei bestürzenden Mangel an Verstand« bezeichnet, fühlen sich manche davon doch schmerzlich berührt. Verständlicherweise. Zeugt dieses Urteil nicht von absurder Fehleinschätzung und himmelschreiender Undankbarkeit zugleich? Was Ersteres betrifft, so hat Pu I-Ah von einer tiefen und seit langem bestehenden Depression geheilt. Er hat ihn nicht mit Urteilsfähigkeit ausgestattet, obwohl zu hoffen ist, dass eine solche kognitive Verbesserung sich noch einstellen wird.

Was die Undankbarkeit betrifft, so ist zu bezweifeln, dass I-Ah überhaupt weiß, dass er seine beachtlichen

Verbesserungen seinem Bärenfreund verdankt. Kein anderer Therapeut hat so unauffällig gearbeitet wie Winnie-der-Pu. Außerdem möchten geheilte Patienten häufig lieber ihre Unabhängigkeit behaupten, als sich ihrem Therapeuten gegenüber dankbar zu zeigen, wenn sie ihn denn kennen. Und in gewisser Weise ist das für den Therapeuten auch die überzeugendste Anerkennung.

Wir dürfen davon ausgehen, dass Pu Bär dies alles weiß und im Stillen damit zufrieden ist, eine Herkulesarbeit erfolgreich bewältigt zu haben.

PUS PATIENTENBUCH: EIN RÜCKBLICK

Die Heilung von I-Ahs langwieriger Depression durch Winnie-den-Pu bildet den angemessenen Höhepunkt dieser kurzen Abhandlung über sein therapeutisches Genie. Die übrigen von mir ausgewählten Beispiele belegen die Verschiedenartigkeit seiner Fälle, die er alle zu einem erfolgreichen Abschluss gebracht hat. Bei der Lektüre dieses Patientenbuches begegnen wir allen Freunden Pus wieder und sehen, wie er ihre Probleme löst. Mehr denn je bewundern wir das literarische Taktgefühl, mit dem Milne die Vielschichtigkeit andeutet, die unter der Oberfläche schlummert, die schon so viele Generationen bezaubert hat.

Pu löst Eules Kommunikationsprobleme. Er führt das ehemals furchtsame Ferkel zu einem soliden Selbstbewusstsein, das es ihm ermöglicht, sich außergewöhnlich tapfer und großherzig zu zeigen. Er macht Tigers Ungestüm gesellschaftlich akzeptabel, ohne ihm seine liebenswerte Vitalität zu nehmen. Er kanalisiert Kaninchens herrische Art in die hilfreiche Rolle eines psychologischen Beraters. Der Fall von Känga und Ruh bildet eine Ausnahme, denn hier erleben wir ein Musterbeispiel für eine geglückte Mutter-Kind-Beziehung. Pu muss also lediglich die zufriedene Mutter und ihr Kind vor Störungen von außen bewahren.

Der allererste hier behandelte Fall – Christopher Robins Phobie – mag in professioneller Hinsicht nicht ganz so dramatisch sein, in ursinologischer Hinsicht ist er aber vielleicht umso bedeutsamer. Wenn Pu nicht die irrationale Angst vor Bären (Arktophobie) geheilt hätte, an der Christopher Robin in *Als wir noch ganz klein waren* (»Striche und Karos«) litt, hätte die Pu-Saga erst gar nicht beginnen können. Hätte es für uns Ursinologen einen größeren Verlust geben können? Wäre eine sinnvollere Heilung vorstellbar?

Wie jede Studie über Pu, so ist auch das vorliegende Buch zwangsläufig selektiv. Erneut kann ich nur der Hoffnung Ausdruck geben, dass es meine Leserschaft anregen wird, eigene Forschungen anzustellen, um ihr Wissen über Pu als Psychologen und Psychotherapeuten zu vertiefen.

So selektiv dieses Buch auch ist, es macht dennoch Pus umfassendes Wissensspektrum deutlich. Von der Freudschen Numerologie gelangen wir zu dem psychologischen Bereich von Pus enormem Verstand. Auf dem Weg durch unsere ausgesuchten Fallstudien erleben wir, aus welchem Fundus Pu bei seiner therapeutischen Arbeit schöpft: Jung'sche Typologie, Adlers Theorie des Minderwertigkeitskomplexes, Transaktionsanalyse, Verhaltenstherapie, Gestalttherapie und kognitive Therapie. Fachleute auf jedem dieser Gebiete werden zwangsläufig über Pus gewaltiges Wissensspektrum staunen und über die souveräne Urteilskraft, mit der er es in den einzelnen Fällen zur Anwendung bringt. Bleibt zu hoffen, dass sie auch von seinen methodischen Innovationen Notiz nehmen.

Vielleicht noch bedeutsamer ist, dass Pu selbst für das wohl bestürzendste ursinologische Problem eine Erklärung anbietet: Warum hat es so lange gedauert, bis Pus Weisheit erkannt wurde?

Er liefert diese Erklärung in der Episode, in der Kaninchen den törichten Versuch unternimmt, Tieger gestüm zu machen. Wie wir uns erinnern, schmiedet Kaninchen den Plan, Tieger während eines Entdeckungsausflugs

im Wald zu verlieren, doch stattdessen verläuft es sich selbst zusammen mit seinen Freunden. Als Pu seine indirekte Methode, den Weg nach Hause zu finden, vorschlägt, sagt Kaninchen abfällig dazu: »Das scheint mir nicht viel Sinn zu haben.«

> »Nein«, sagte Pu traurig, »hat es auch nicht. Es begann aber Sinn zu haben, als ich damit anfing. Unterwegs muss ihm etwas zugestoßen sein.«

Noch bis vor gar nicht langer Zeit waren wir alle in Kaninchens Lage. Ganz gleich, wie herzlich unser Verhältnis zu Winnie-dem-Pu auch war, nur allzu oft reagierten wir auf sein umfassendes Wissen und seine tiefgründigen Einsichten mit einem »Das scheint mir nicht viel Sinn zu haben«. Wie wir seinen eigenen Worten entnehmen können, hatte Pu damit begonnen, weisen Rat zu erteilen, der auf kluger Vernunft beruhte, doch »unterwegs muss ihm etwas zugestoßen sein«. Was war das für ein »etwas«, das uns für den enormen Verstand von Pu so lange blind gemacht hat?

Wie ich an früherer Stelle bereits gemutmaßt habe, liegt die Antwort zum Teil gerade darin, dass Pu bei Kindern und vielleicht noch mehr bei Erwachsenen, die Kindern vorlesen, so beliebt ist. Ein solches Publikum erwartet kaum mehr als ein herrliches, aber unkompliziertes Vergnügen, das eine vordergründige Lesart der Pu-Geschichten auch im höchsten Maße beschert. Kinder können nun mal weder die tieferen Bedeutungen erschließen, wie ich sie in *Jenseits von Pu und Böse* und *Die Prophezeiungen des Pudradamus* aufgedeckt habe, noch die psychologische Tiefe erfassen, die in vorliegendem Büchlein offenbar wird. Viele Leserinnen und Leser schauen, sobald sie die pubertäre Phase überwunden haben, in der sie alle kindlichen Vergnügungen mit Verachtung strafen, zwar nostalgisch gerührt auf Pu zurück, selten jedoch mit wachem intellektuellem Interesse.

Diese Erklärung ist so weit ganz richtig, aber eine psychologische Betrachtung bringt uns noch weiter. Da die meisten von uns als Kinder mit Winnie-dem-Pu Bekanntschaft schließen, verbinden wir ihn naturgemäß auch mit kindlichen Dingen. Diese Verknüpfung wird noch verstärkt, wenn wir selbst einen Teddybären zum Liebhaben hatten. Je liebevoller wir uns an Pu – und unseren Teddybären – erinnern, desto stärker sind wir darauf konditioniert, ihn, Pu, als einen Bären von sehr wenig Verstand wahrzunehmen.

Nach Auffassung der Psychologin Elizabeth Mapstone, einer Spezialistin für Kommunikations- und Konfliktverhalten, neigen wir alle dazu, das zu hören, was wir zu hören erwarten; und diese Erwartungshaltung ist erlernt. Das falsche Hören führt dann häufig zu gravierenden Reibereien in persönlichen Beziehungen, wie Dr. Mapstone in ihrem Buch *Warum Männer und Frauen sich nicht verstehen* anschaulich darlegt. In gleicher Weise hat die vorgefasste Meinung, dass die Milne'sche Saga nur etwas für Kinder sei, dazu geführt, dass viele treue Fans Pu als »Bären von sehr wenig Verstand« betrachten und für seine überragende Weisheit taub bleiben. Wie Dr. Mapstone mir mitteilte, ist sie höchst erfreut darüber, dass ihre Forschungen die Einsichten von Winnie-dem-Pu bestätigen.

In den letzten Jahren hat die ursinologische Forschung so viele Aspekte von Pu Bärs Weisheit aufgedeckt, dass es kaum noch eine Entschuldigung für

deren fortgesetzte Missachtung gibt. Ich hoffe, ich konnte mit meinem Nachweis, dass die Pu-Meisterwerke die gesamte abendländische Philosophie und Psychologie umfassen und darüber hinaus beweisen, dass er der Höchste Magus des zweiten Jahrtausends ist, dazu beitragen, diese Missachtung aus der Welt zu schaffen. Mit dem vorliegenden Band schließe ich meine Bemühungen ab, die Weisheit von Pu einem breiten Publikum bekannt zu machen. Nicht etwa, weil ich der Ansicht bin, dass der enorme Verstand von Pu Grenzen hat, sondern weil ich realistischerweise die Grenzen meines eigenen Verstandes zur Kenntnis nehmen muss.

Ich hoffe inständig, dass meine Darstellung Pus als Superpsychologen die ihm gebührende Wertschätzung erweitert und vertieft und einen Beitrag zum Glück der menschlichen Spezies leistet.